Tobias Gillen

Spurlos & Verschlüsselt!

Bibliographische Informationen der Deutschen Bibliothek
Die Deutsche Bibliothek verzeichnet diese Publikation in der
Deutschen Nationalbibliographie; detaillierte Informationen sind im
Internet unter http://dnb.ddb.de abrufbar.

Gillen, Tobias
Spurlos & Verschlüsselt!
4. Auflage, Hannover: jmb-Verlag, September 2014

jmb-Verlag. Jens Bolm.
Hebbelstraße 18 B, 30177 Hannover
Gesamtherstellung: Pressel, Remshalden

Inhaltsverzeichnis

Teil 1

Teil 2

Widmung

Dieses Buch ist einem der mutigsten Männer
unserer Zeit gewidmet

Edward Snowden

Vorwort

»Wer die Wahrheit ausspricht,
begeht kein Verbrechen.«

- Edward Snowden, *Der SPIEGEL*

Seit einigen Wochen schon plagt es mich: Das schlechte Gewissen. Jeden Tag kommen neue Dinge ans Licht, die illegalen Praktiken hinter NSA, GCHQ und BND werden immer weiter und tiefgründiger aufgedeckt. Und ich? Ich bin ahnungslos. PGP? SSL? S/MIME? Was-weiß-ich-was-für-eine-Abkürzung? Ich habe keine Ahnung von Verschlüsselung, Kryptologie und Co. Meine Daten sind ungeschützt. Bis jetzt. Denn nun wage ich mich endlich vor, raus aus der Lethargie und der Ignoranz, und starte meinen Weg zu einem sicheren, anonymen Umgang mit dem Internet. Es wird eine Reise in eine Welt, die nicht für Anfänger geschaffen ist. Doch genau das spornt mich an.

In einem Tagebuch versuche ich, meine Eindrücke fest-zuhalten, meine Probleme und Erfahrungen wiederzuge-ben. Und jeder ist eingeladen, meinem Beispiel zu folgen und einfach mitzumachen – eine Linkliste mit allen Tools und Recherchemitteln, die ich benutzt und als nütz-lich befunden habe, findet sich am Ende. Ebenso einige Schritt-für-Schritt-Anleitungen zum Nachmachen.

Herzlichst

Tobias Gillen, freier Journalist

PGP - Ein Anfang bei Null

Liebes Tagebuch,

mein Wissensstand vor dem Versuch, meine E-Mails zu verschlüsseln, beläuft sich auf folgende Kenntnisse: Ich weiß, dass es etwas gibt, das sich PGP nennt. Und ich weiß, dass das irgendein wirrer Code ist. That's it. Was noch? Nichts. Demnach beginnt mein Weg zu verschlüsselten E-Mails im Dunkeln. Zunächst einmal muss ich herausbekommen, was PGP eigentlich ist.

Erste Anlaufstelle: Wikipedia. Nun weiß ich immerhin, dass PGP die Abkürzung für Pretty Good Privacy ist. Irgendwie hatte ich hinter den drei Lettern mehr erwartet. Im Wikipedia-Eintrag stehen Sachen wie

> *»Bei PGP wird aber nicht die ganze Nachricht asymmetrisch verschlüsselt, denn dies wäre viel zu rechenintensiv. Stattdessen wird die eigentliche Nachricht symmetrisch und nur der verwendete Schlüssel asymmetrisch verschlüsselt (Hybride Verschlüsselung). Dazu wird jedes Mal ein symmetrischer Schlüssel zufällig erzeugt.«*

oder

> *»PGP basiert dabei auf dem sogenannten Web of Trust, bei dem es keine zentrale Zertifizierungsinstanz gibt, sondern Vertrauen von den Benutzern selbst verwaltet wird.«*

Hilft das jemandem weiter, der bei Null anfängt? Eher nicht. Also schnell weg. Am liebsten würde ich jetzt schon aufgeben, wozu das alles? Ich fühle mich dumm. Eigentlich bin ich Tech-Blogger, Medienjournalist. Ich beschäftige mich den ganzen Tag mit Apple, Facebook, Twitter und Co., lese Texte über die NSA und bin jedes Mal schockiert, wenn ich sehe, was der amerikanische Geheimdienst alles mitbekommen hat in den letzten Jahren. Und dennoch verstehe ich nicht einmal den Wikipedia-Artikel zum Thema E-Mail-Verschlüsselung. Der Gedanke, dass ich damit höchstwahrscheinlich nicht alleine bin, sondern der großen Mehrheit angehöre, heitert mich auf, ich fasse neuen Mut.

PUBLIC UND SECRET KEYS

Irgendeiner wird bestimmt schon mal eine Anleitung »für Dumme« geschrieben haben. Auf *Metronaut.de* werde ich fündig. Und verstehe: PGP-Verschlüsselung kann man sich vorstellen wie Vorhängeschlösser. Man hat ein Schloss und einen Schlüssel. Das Schloss kann jeder haben und seine Nachricht an mich damit verschließen. Den Schlüssel aber habe nur ich. Und demnach kann auch nur ich das Schloss öffnen und die Nachricht lesen. Andersherum verhält es sich genauso: Will ich jemandem eine verschlüsselte Nachricht schreiben, brauche ich sein Schloss. Ich schließe die Nachricht ab, er öffnet sie – mit seinem Schlüssel.

Schloss und Schlüssel nennen sich in diesem Fall public key und secret key. Den public key kann ich jedem an die Hand geben, der mir verschlüsselte E-Mails schreiben möchte. Wenn ich will, kann ich ihn sogar in mein Impressum packen und möglichen Informanten so die

Möglichkeit geben, mir verschlüsselte E-Mails zu schreiben. So weit, so gut. Den secret key (oder private key) muss ich ganz sicher versteckt bei mir behalten. Klar: Den möchte ja nur ich zum Öffnen meiner eigenen Vorhängeschlösser haben. Am besten brenne ich ihn auf DVD und lösche ihn von meinem Rechner, falls ich ihn als Backup abspeichern möchte. So sei es am sichersten, habe ich irgendwo gelesen.

DER GPG-SCHLÜSSELBUND

Die Technik von PGP habe ich nun verstanden, war ja gar nicht so schwer. Die Idee finde ich gut, will ich haben. Nur: Wie? Dafür gibt es spezielle Programme für die einzelnen Betriebssysteme. In meinem Fall, Mac-User, schaue ich bei *GPGTools.org* vorbei. Windows-Nutzer sollen bei *GPG4Win.org* ebenfalls fündig werden. Das Tool, die 23 MB große GPG Suite, lade ich in Windeseile herunter und installiere sie auf meinem Mac. Nun habe ich ein Programm, das sich GPG-Schlüsselbund nennt. Was soll das sein? Keine Ahnung. Aber ich bin ja angetreten, es herauszufinden – also los!

Soweit ich es verstanden habe, ist der GPG-Schlüsselbund zweierlei: Erstens ein Tool, mit dem ich für mich PGP-Keys erstellen kann. Und zweitens eine Art Adressbuch, wo ich die öffentlichen PGP-Keys meiner E-Mail-Kontakte abspeichern kann. Schließlich brauche ich die Vorhängeschlösser ja, um ihnen eine E-Mail zu schreiben – ich lerne dazu.

Es geht also los: Ich erstelle meinen ersten eigenen PGP-Key. Da ich das zum ersten Mal mache, habe ich Angst, etwas falsch zu machen. Daher richte ich mich auf viel

Googelei ein, sage vorsichtshalber alle anstehenden Termine in den nächsten zwei Wochen ab, erzähle Freunden und Verwandten, dass ich kurzfristig in den Urlaub geflogen bin. Zu meiner Überraschung ist das aber gar nicht nötig: Es dauert keine 15 Sekunden, da erklärt mir der GPG-Schlüsselbund, dass ich noch eine »Passphrase« einsetzen solle und dass er jetzt eine Menge Zufallsvariablen zu erstellen habe. Ich solle mich doch bitte mal kurz anderen Dingen zuwenden. Sehr gerne: Schließlich stellt sich mir die Frage, was eine Passphrase ist? Die Lösung: Ein cooler Ausdruck für »langes Passwort«.

KONSEQUENZEN AUS DER VERSCHLÜSSELUNG MIT PGP

Weitere 15 Sekunden später finde ich einen Eintrag in der Kartei mit meinem Namen, meiner E-Mail-Adresse und dem merkwürdigen Zusatz »sec/pub«. »sec« steht dabei für »secret« und »pub« für »public«. Ich verstehe: In diesem Eintrag finden sich also beide Schlüssel. Alle Einträge von Kontakten haben daher nur den Zusatz »pub« – got it.

Nun möchte das Tool ein Add-on in meinem E-Mail-Programm installieren. Bei Windows-Rechnern geht das wohl dann beispielsweise bei Thunderbird. Eigentlich ist es fast immer der gleiche Vorgang, nur eben an das jeweilige Betriebssystem angepasst. Ich schließe das Mail-Programm, GPG öffnet es wieder – und siehe da: Ich habe nun zwei neue Icons – ein erster Schwung Stolz trifft mich, aber ich will mehr: Ich will PGP-verschlüsselte E-Mails senden.

Alles was jetzt folgt, ist eigentlich recht logisch – auch für jemanden, der bis vor einer halben Stunde noch keine

Ahnung von der Materie hatte. Es ergeben sich nun einige Konsequenzen für die Nutzung der PGP-Verschlüsselung:

1) Ich kann nur mit der E-Mail-Adresse verschlüsseln, mit der ich im GPG-Schlüsselbund den Key erstellt habe. Bedeutet: Will ich mit allen meinen E-Mail-Adressen verschlüsselt schreiben, muss ich für alle einen Key erstellen oder wahlweise einem bestehenden Key mehrere Adressen zuordnen.

2) Außerdem kann ich die Icons zur Verschlüsselung nur nutzen, wenn ich den public key meines Gegenübers habe. Ohne sein Vorhängeschloss geht nichts – logisch. Das muss ich erst im GPG-Schlüsselbund einfügen, importieren oder den Kontakt mit einer Tastenkombination (beim Mac also etwa *CMD + F*) suchen.

3) Und: Ich kann nur verschlüsselte E-Mails empfangen, wenn mein Gegenüber mein Vorhängeschloss (also meinen public key) hat. Das kann ich ihm entweder per E-Mail schicken und er fügt es ein – oder er sucht mich auf dem Keyserver im Internet (also da, wo man alle öffentlichen Schlüssel findet).

UND LÄUFT

Bevor ich meine E-Mail absenden kann, muss ich meine Passphrase eingeben. Mir fällt auf, dass es ein paar Momente länger dauert, bis die E-Mail versendet wird und bis sie ankommt – ob das normal ist, weiß ich nicht. Jedenfalls finde ich es logisch, schließlich muss mein

Computer nun den ein oder anderen zusätzlichen Schritt gehen.

Ist die Antwort dann da, werde ich wieder aufgefordert, meine Passphrase einzugeben. Eine Sekunde später finde ich dann die lesbare E-Mail. So schwer war das doch gar nicht. Ich merke aber schon jetzt, dass es noch viel gibt, was es zu verstehen gilt. Außerdem muss ich mich erst daran gewöhnen, das kleine Schloss-Icon vor dem Absenden einer E-Mail zu drücken. Und stoße auch schon auf ein erstes Problem: Wie genau öffne ich eine PGP-verschlüsselte E-Mail noch gleich auf dem iPhone? Richtig, mit einer passenden App – aber dazu dann später mehr. Nun muss ich mich erst einmal mit PGP anfreunden.

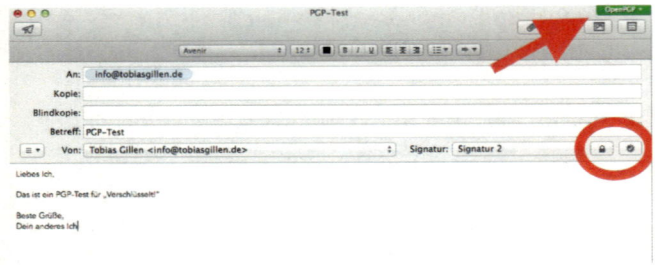

Dein Tobias

Die erste Woche mit PGP

Liebes Tagebuch,

ich muss gestehen: Ich bin stolz auf mich. Ich habe es tatsächlich geschafft, auf meinem Rechner eine funktionierende PGP-Verschlüsselung zu installieren und einzurichten. Aber noch viel besser als diese Tatsache ist, so finde ich, dass sich mein anfängliches Desinteresse und meine Lethargie, was Verschlüsselungen betrifft, in ein wirkliches Interesse gewandelt haben.

Frei nach dem Motto: »Es ist noch kein Meister vom Himmel gefallen« habe ich mich in den vergangenen Tagen dem Neuen und Unbekannten auf meinem Computer mutig gestellt. Ich habe versucht, es noch besser zu verstehen, es weiter zu verbessern und zu vereinfachen. Auch komplizierte Wikipedia-Artikel gehen inzwischen nicht mehr in Gänze an mir vorbei. So langsam verstehe ich die Materie – und frage mich: Bin ich wirklich noch so ahnungslos, wie ich denke?

EIN KLEINES EXPERIMENT

Schließlich läuft alles, was ich mir eingerichtet habe, ziemlich rund. So viel kann ich also nicht mehr falsch machen. Oder? Um diese Frage zu beantworten, wage ich ein kleines Experiment. Ich öffne die Wikipedia und schaue mir zwei für mich neue Artikel an. Der eine handelt von S/MIME, einer weiteren Möglichkeit, E-Mails zu verschlüsseln. Darin steht:

»Der Content-Type application/pkcs7-mime hat den optionalen Parameter smime-type, der die Art der Daten beschreibt (ohne dass sie dafür decodiert werden müssen): enveloped-data (Verschlüsselung), signed-data (Signatur), certs-only (Zertifikat). Außerdem zeigt der Dateiname des optionalen, aber erbetenen Headereintrags Content-Disposition die Art der Daten an: smime.p7m (signierte oder verschlüsselte Daten), smime.p7c (Zertifikat), smime.p7s (Signatur).«

Im zweiten Artikel beschäftigen sich die fleißigen Autoren mit Transport Layer Security (TLS), dem Nachfolger von SSL. Auch das wollte ich immer schon verstehen:

»Aus dem pre-master-secret wird in früheren Protokollversionen mit Hilfe der Hash-Funktionen SHA-1 und MD5, in TLS 1.2 mit Hilfe einer durch eine Cipher Suite spezifizierten Pseudozufallsfunktion das Master Secret berechnet. In diese Berechnung fließen zusätzlich die Zufallszahlen der Phase 1 des Handshakes mit ein. Die Verwendung beider Hash-Funktionen sollte sicherstellen, dass das Master Secret immer noch geschützt ist, falls eine der Funktionen als kompromittiert gilt. In TLS 1.2 wird dieser Ansatz nun durch die flexible Austauschbarkeit der Funktion ersetzt.«

DIE SCHMERZLICHEN GRENZEN

Bei beiden Artikeln verstehe ich Bruchstücke. Das wäre vergangene Woche sicher noch anders gewesen, nichtsdestotrotz zeigen mir die Profis unter den IT-Kryptologen hier meine Grenzen auf schmerzliche Weise wieder auf.

Am Stolz über das bereits Erreichte ändert das nichts, aber ich bin wieder auf dem Boden der Tatsachen angekommen: Ich bin (noch immer) ahnungslos.

Insgesamt gilt – das habe ich inzwischen erkannt – Ausprobieren! Jeder macht dabei am Anfang wahrscheinlich Fehler. Aber das ist auch völlig normal so. Wer sich der Aufgabe jedoch nicht stellt, kann nicht dazulernen. Also werde auch ich versuchen, S/MIME und TLS zu verstehen – mit einer gehörigen Portion berechtigtem Optimismus. Eine Woche ist nun vergangen, seit ich mich PGP gestellt habe. Ich habe meinen public key auf meiner Website veröffentlicht sowie auf den Autorenseiten von einigen Auftraggebern, habe in den sozialen Netzwerken von meinen Fortschritten berichtet. Und siehe da: Die ersten verschlüsselten E-Mails flattern ins Haus.

PGP IST (NOCH) NICHT MASSENTAUGLICH

Erst jüngst kam eine solche von einem Leser: Er freue sich, dass ich diese Möglichkeit nun anbiete und sei gespannt, wovon mein nächster Tagebuch-Eintrag handele. Ich freue mich über solche Nachrichten. Auch, weil sie sehr selten sind. Denn die traurige Wahrheit ist, wie ich im ersten Eintrag vermutet hatte, dass ich mit meiner Unwissenheit nicht allein dastehe. Ich habe genau einen Kontakt in meinem Adressbuch, von dem ich weiß, dass er PGP-Verschlüsselung nutzt.

Dass ich jetzt verschlüsselte E-Mails anbiete, ist ja schön und gut. Aber was nützt das, wenn ich niemandem damit schreiben kann? Es überrascht dann doch, dass die Gesellschaft durch die Snowden-Aufdeckungen nicht genügend sensibilisiert wurde und sich nicht mehr Menschen an einer vielleicht anfangs undurchsichtigen Thematik versuchen. PGP ist leider nicht massentauglich, das ist mein erster, ernüchternder Eindruck.

Für mich als Journalist hat die Verschlüsselung natürlich trotzdem Vorteile: Ich gebe dem Leser ein Angebot an die Hand. Ob er es dann auch wirklich nutzt, bleibt ihm überlassen. Aber wenn er es nutzen möchte, dann braucht er sich nur meinen PGP-Key aus der Kontaktseite ziehen. Ich würde mir wünschen, dass das bald mal anders aussieht. Dass sich ein paar Programmierer vielleicht mal zusammentun und an einem massentauglichen User-Interface arbeiten. *GPGTools.org*, das Download-Portal für Mac, ist da ein guter Anfang. Das Gegenbeispiel findet sich bei *GPG4WIN.org*, der Windows-Version: Informationen wie

> *»Gpg4win 2.2.1 contains: GnuPG 2.0.22, Kleopatra 2.2.0 (2013-08-20), GPA 0.9.4, GpgOL 1.2.0, GpgEX 1.0.0, Claws Mail 3.9.1, Kompendium (de) 3.0.0, Compendium (en) 3.0.0«*

oder

> *»SHA1   checksum   (for   gpg4win-2.2.1.exe): 6fe64e06950561f2183caace409f42be0a45abdf«*

verwirren die meisten Nutzer eher, als dass sie helfen würden. Zudem wäre ein deutschsprachiger Anbieter inklusive deutschsprachiger Anleitung wünschenswert, wie sie *GPG4WIN.org* schon anbietet (und damit wieder punktet). Ich spreche Englisch, Lieschen Müller von gegenüber aber nicht – und bleibt damit auf der Strecke.

PGP ist klasse. Und ich freue mich, dass ich es inzwischen ohne Probleme und allzu große Verwirrung verstehe und verwenden kann. Dennoch gilt es, noch einiges zu verstehen. S/MIME, TLS und entsprechende mobile Programme stehen da auf meiner To-Do-Liste des Lethargie-Ausbruchs ganz oben. Mehr davon dann sehr bald an dieser Stelle.

Dein Tobias

S/MIME als PGP-Alternative

Liebes Tagebuch,

kaum habe ich die ersten beiden Einträge in dich reingeschrieben, forderst du mehr. Na gut, eigentlich ist es eher meine Neugier, die mich treibt. Auf die Verschlüsselung per S/MIME bin ich während der Recherchen zu PGP aufmerksam geworden. Und weil ich angetreten bin, diesen ganzen Kryptokram zu verstehen, wage ich mich nun auch daran. Wie bei der PGP-Verschlüsselung wüsste ich aber zunächst gerne mal, wofür S/MIME steht. Der Name macht mir irgendwie Angst, er klingt wesentlich komplizierter als PGP. Da ich dieses Unbehagen aber auch bei meinen Anfängen gespürt habe und dann über den eigentlichen Namen »Pretty Good Privacy« schmunzeln musste, trete ich mutig vor.

Wikipedia muss wieder herhalten. Und das, obwohl ich sonst immer so viel darüber jammere: »Zu kompliziert«, »zu kryptisch«, »die haben mein Förmchen geklaut« – nur eine kleine, jugendfreie Auswahl. Aber wenigstens taugt es, um den vollen Namen von S/MIME herauszubekommen. Es steht, festhalten!, für »Secure/Multipurpose Internet Mail Extensions«, also »Sichere/Multifunktionale Internet Mail Erweiterungen«. Ich muss zugeben: Auch wenn mir die einzelnen Worte nicht unbekannt sind, schüchtern sie mich ein.

Was nun? Ich muss irgendwie die Funktionsweise verstehen. Also: Wikipedia zu, Google auf. Anleitungen, Erklärungen, How Tos, Videos und Co. müssen her. Bei deutschsprachigen Videos sieht es mau aus, dafür finde ich einige Erklärungen. Die einen einfacher, die anderen komplizierter – insgesamt bringen sie mich aber alle weiter.

»ZERTIFIZIERUNGSSTELLE KLINGT NACH VIEL BÜROKRATIE«

Je mehr ich mich in die Thematik einlese, desto weniger Angst habe ich vor dem, was mir bevorsteht. Was ich ganz zu Beginn lerne, ist nämlich, dass PGP und S/MIME gar nicht so weit auseinander liegen. Sie sind zwar nicht kompatibel, da sie unterschiedliche Schlüsselformate verwenden, aber sie sind sich vom Prinzip her ähnlich. Eine entscheidende Rolle bei S/MIME spielen wohl sogenannte X.509-Zertifikate. Nur darüber kommt man an das bereits von PGP bekannte Schlüssel/Schloss-Paar: Ein öffentliches Schloss zum Weitergeben und einen privaten Schlüssel für sich.

Dieses Zertifikat bekommt man bei einer Zertifizierungsstelle. Das klingt hochoffiziell und nach viel Bürokratie, dauert in Wahrheit aber nur wenige Minuten. Zertifizierungsstellen gibt es wohl einige, ich habe mich für Comodo entschieden und mir dort mein Zertifikat bestellt. Angeben muss ich meinen Namen, die E-Mail-Adresse, mein Land und die Größe meines Keys. Ich habe die Wahl zwischen 512 Bits, 1024 Bits und 2048 Bits, sie fällt natürlich auf die größtmögliche Stufe.

Interessant finde ich, dass es mehrere Zertifikats-Klassen gibt. Was ich mir hier bestellt habe, ist ein Zertifikat der Klasse 1, gültig für ein Jahr. Es gibt noch die Klassen 2 und 3, die nicht kostenlos erhältlich sind. Sie unterscheiden sich wie folgt:

- Bei Klasse-1-Zertifikaten wird nur auf die Existenz der E-Mail-Adresse geprüft. Diese findet sich im Zertifikat.

- In Klasse 2 finden sich E-Mail-Adresse, Name und gegebenenfalls die Firma oder Organisation. Überprüft wird anhand von Drittdatenbanken und Ausweiskopien.

- Für Zertifikate der Klasse 3 muss man sich persönlich bei der entsprechenden Stelle ausweisen.

Bei allem Bestreben nach Sicherheit: Das Zertifikat der Klasse 1 reicht für mich wohl vollkommen aus: Schließlich sagt es meinem Gegenüber, dass die E-Mail auch wirklich von mir kommt – Ziel erreicht. Und die Sicherheit der Verschlüsselung ist auch beim High-End-Zertifikat der Klasse 3 nicht besser.

Nachdem ich das Zertifikat bestellt habe, bekomme ich eine E-Mail. Das dauert bei allen drei probierten E-Mail-Adressen etwa zwischen zwei bis fünf Minuten. Ich solle nun einen Link anklicken, der eine .p7s-Datei herunterlädt. Ab jetzt geht es schnell: Ich klicke die Datei an, meine Schlüsselbundverwaltung am Mac öffnet sich und fragt mich, wo das Zertifikat abgelegt werden soll. Wichtiger Unterschied: Die Schlüsselbundverwaltung ist ein Standardprogramm in Mac OS X, es hat nichts mit dem GPG-Schlüsselbund zu tun.

GLEICHE BUTTONS, GLEICHE FUNKTIONSWEISE

Anschließend schließe ich nur mein E-Mail-Programm und öffne es erneut. Möchte ich nun eine E-Mail schreiben, finde ich oben rechts weiterhin den grünen Hinweis, dass ich eine OpenPGP-Mail verschicke. Nun aber ist ein kleiner Pfeil daneben zu sehen, der mir erlaubt, auf S/MIME umzustellen. So einfach ging das also. Die Buttons zum Verschlüsseln und Signieren einer E-Mail mit S/MIME unterscheiden sich nicht von denen für PGP. Nach der ersten E-Mail werde ich noch gefragt, ob ich dem Schlüssel dauerhaften Zugriff gewähren möchte, ich stimme zu. Unter Windows ist die Integration von S/MIME, etwa in Thunderbird, ein paar Schritte länger, funktioniert aber im Grunde gleich: Man bestellt das Zertifikat, richtet es ein und muss es anschließend vom Browser aus erst ex- und dann in Thunderbird unter dem Punkt »S/MIME-Sicherheit« importieren. Wenig später findet man einen »S/MIME«-Button in der E-Mail-Kopfzeile.

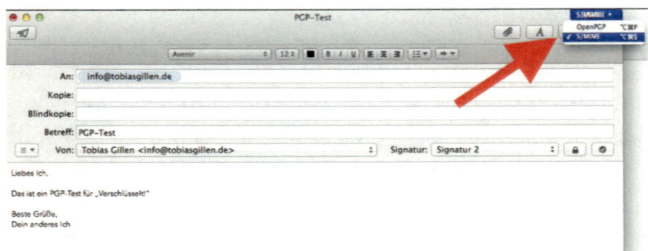

Ich bin überrascht: Das ging schnell. Und einfach. Installiert ist S/MIME also schon mal, nun muss ich es nur noch verstehen. Die Technik ist der von PGP offenbar sehr ähnlich. Ich habe einen öffentlichen und einen privaten Key. Nur bekomme ich davon nicht viel mit. Sobald mir eine S/MIME-verschlüsselte E-Mail gesendet wird, weiß mein E-Mail-Programm das und ich kann eine S/MIME-verschlüsselte E-Mail zurückschicken. Das ganze Bohei mit dem Schlüsselbund wie bei PGP kann ich mir schenken. Zudem muss ich nicht jedes Mal eine Passphrase eingeben, wenn ich eine E-Mail senden oder öffnen möchte. Sie ist einfach lesbar – und dass sie echt ist und verschlüsselt war, sehe ich an den Icons in der Detailansicht der E-Mail-Kopfzeile.

S/MIME ist besser in die gängigen E-Mail-Programme integriert als PGP, ich muss hier keine zusätzlichen Add-ons herunterladen oder Programme installieren – alles was ich brauche, ist schon da – außer dem Zertifikat und den Schlüsseln. Mein Gegenüber, das mein Schloss ja schon hat, sobald ich ihm eine E-Mail sende, verschlüsselt es mit diesem und ich entschlüssele es wieder mit meinem Schlüssel. Dadurch, dass bei S/MIME viel mehr im Hintergrund passiert und man sich weniger damit beschäftigen muss, habe ich das Gefühl, nicht so ganz hinter die Technik zu steigen. Im Grunde ist sie die benutzerfreundliche Alternative zu PGP.

KEINE META-DATEN-VERSCHLÜSSELUNG

Wichtig ist zu wissen, das lese ich bei meinen Recherchen immer wieder, dass S/MIME nur die E-Mail verschlüsseln kann. Der Betreff und die Meta-Daten bleiben unverschlüsselt. Sensible Informationen oder Wörter, die gegebenenfalls auf einen sensiblen Nachrichtentext hinweisen könnten, sollten daher nicht in den Betreff geschrieben werden – leuchtet ein. Zudem verschlüsselt S/MIME (so wie alles andere auch) nicht die Meta-Daten.

Mit wem ich wann und wie oft schreibe, bleibt weiterhin leicht zugänglich – und interessiert NSA und Co. im Zweifel mehr als meine Botschaft an die Liebste. Das zu ändern versuchen übrigens momentan die Gründer von Lavabit und Silent Circle mit ihrer »Dark Mail Alliance«. Sie wollen die »E-Mail 3.0« etablieren, bei der alles verschlüsselt ist.

Zum Abschluss stellt sich mir noch eine wichtige Frage: Was mache ich mit meinem iPhone, wenn ich auch mobil S/MIME verwenden möchte? Das funktioniert wohl genauso simpel wie am Rechner – aber dem widme ich mich später.

Dein Tobias

PGP am Smartphone

Liebes Tagebuch,

bislang läuft mein Weg zur Verschlüsselung eigentlich recht problemfrei. Ich bin mir zwar durchaus bewusst darüber, dass mein bisheriges Wissen noch nicht dafür ausreicht, mir die Geheimdienste ernsthaft vom Leib zu halten, zufrieden bin ich aber trotzdem mit meinen ersten Erfolgserlebnissen. Immerhin kann ich inzwischen PGP und S/MIME – wer hätte das noch vor ein paar Tagen gedacht?

Besonders aber freut mich die Resonanz auf die einzelnen Einträge. Immer wieder bekomme ich positive Rückmeldungen von Menschen, die neu in der Materie sind und von Menschen, die sich wirklich auskennen. Erstere melden sich, weil sie genauso verzweifelt sind wie ich und nun endlich den Mut fassen, sich auszuprobieren. Und die wirklichen Krypto-Cracks freuen sich einfach, dass das Thema aufgegriffen wurde. Das macht Lust auf mehr. Also los!

Bislang habe ich fast alles, was ich ausprobiert habe, am Mac gemacht. Wer mich kennt, weiß aber, dass ich selten ohne mein iPhone aus dem Haus gehe. Und das aus gutem Grund: Ich arbeite gerne auch von unterwegs. Wenn ich Wartezeiten habe, checke ich die Nachrichtenlage, halte Kontakt zu Lesern und Kollegen und lese und beantworte E-Mails. Was aber, wenn jetzt jemand von meinem öffentlichen PGP-Key Gebrauch macht und mir eine verschlüsselte Nachricht sendet?

KEINE PGP-UNTERSTÜTZUNG AM iPHONE

Genau, dann stehe ich vor einem Problem. Denn dann kann ich diese E-Mail erst an meinem Mac lesen. Mein iPhone zeigt nur zwei Dokumente – »mime-attachement« und »encrypted.asc« – die ich nicht öffnen kann. Wieder muss – wie so oft – Google herhalten, ausgerechnet eines der Unternehmen, die in den Überwachungsskandal verwickelt sind. Dort erfahre ich, dass eine PGP-Implementierung in iOS nicht möglich ist. Mit zwei Buttons in der E-Mail-Kopfzeile komme ich also nicht weiter. Anders sieht das übrigens mit S/MIME aus: Seit iOS 5 unterstützt das iPhone die Verschlüsselung damit standardmäßig – aber dazu später mehr.

Wenn ich PGP schon nicht direkt in die Mail-App einbauen kann, muss es doch einen anderen Weg geben. Nächste Idee: Eine App aus dem App Store. Ich hatte mich darauf eingestellt, dass das Projekt »PGP am iPhone« aufwendig wird, demnach bin ich noch voller Zuversicht und stürze mich auf den App Store.

"

Suchbegriff: »PGP«, Anzahl der Treffer: 29 – das klingt doch schon mal gut. Leider sind davon nur etwa eine Handvoll brauchbar. Aber immerhin, das sollte reichen. Es fällt auf, dass es kein kostenloses Angebot gibt. Von der App oPenGP gibt es zwar eine Lite-Version, die kann aber nur ein paar verschlüsselte Nachrichten senden, danach ist ein In-App-Kauf nötig. Im Internet finde ich eine Empfehlung für oPenGP, das User-Interface sieht gut aus – das nehme ich.

SCHLÜSSELÜBERTRAGUNG PER iTUNES
FILE SHARING

Bevor ich mit der App aber überhaupt etwas anfangen kann, muss ich meine generierten Schlüssel auf das iPhone bekommen. Klar, denn ohne mein Schlüsselpaar kann ich auch mit der tollsten App keine E-Mail en- und decodieren. Den Schlüssel schicke ich mir per E-Mail zu, dann importiere ich ihn in die App und schon kann es losgehen. Übrigens: Wer mir den letzten Satz geglaubt hat, hat den Sinn dieses Tagebuchs nicht verstanden – zurück zum Anfang, bitte! Natürlich schicke ich das Heiligste an der PGP-Verschlüsselung, meinen private key, NICHT per unverschlüsselter E-Mail an mich selbst. Nicht mal, wenn ich die E-Mail verschlüsseln könnte, würde ich das tun.

Die weitaus sicherere Lösung heißt »iTunes File Sharing«. Dazu schließe ich das iPhone an meinen Mac an, öffne iTunes, wähle das iPhone aus, klicke auf »Apps« und gehe auf dieser Ansicht ganz nach unten. Dort finde ich die oPenGP-App und ein Fenster, in dem ich Dateien auswählen kann. Nun muss ich nur noch mein Schlüsselpaar aus dem GPG-Schlüsselbund exportieren und auswählen, schon ploppt am iPhone ein Fenster auf, das mich zur Eingabe meiner Passphrase auffordert. Gemacht, getan, der Schlüssel ist drin. Ich gebe zu: Wenn man das zum ersten Mal macht, dauert es ein bisschen länger, als ich in diesem Absatz impliziere – im Grunde ist es aber sehr simpel. Für Android und Windows Phone gibt es übrigens ähnliche Lösungen, wie eine kurze Google-Recherche ergibt.

Wenn ich nun zurück in mein E-Mail-Postfach gehe, sehe ich schon, dass die zwei Dokumente – »mime-attachement« und »encrypted.asc« – anders aussehen: Sie tragen jetzt das Icon von oPenGP. Drücke ich jetzt länger auf eines der Icons, bietet mir das iPhone die Option »In oPenGP öffnen« an. Danach muss ich in der App nur noch – wie gewohnt – meine Passphrase eingeben und schon kann ich die Nachricht lesen.

Möchte ich darauf nun antworten, benötige ich natürlich den public key meines Gegenübers, also sein digitales Vorhängeschloss. Das kann er mir entweder in der E-Mail mitschicken und ich importiere es oder füge es wieder über »iTunes File Sharing« in die App ein. Wenn ich nun die Nachricht eingetippt habe, muss ich das Schloss des Empfängers auswählen und auf »verschlüsseln« klicken. Eine weitere Passphrasen-Eingabe später kann ich die Nachricht dann in eine E-Mail kopieren und meinem Gegenüber zuschicken.

LOHNENDER AUFWAND

Wichtig dabei ist allerdings, dass ich auch wirklich die richtige E-Mail-Adresse auswähle. Also die, der auch das Vorhängeschloss zugeordnet ist. Hier kann man schnell durcheinander kommen, ein Minuspunkt. Genauso wie die Tatsache, dass das ganze Prozedere bei häufiger Anwendung echt ein Krampf ist und ich mir zwei Mal überlege, ob die E-Mail wirklich so wichtig ist, um verschlüsselt zu werden. Und damit sind wir beim nächsten Problem der ganzen Thematik, der Bequemlichkeit.

Natürlich ist das alles unnötiger Aufwand, den Apple mit einer standardmäßigen PGP-Integration (wie bei S/MIME) leicht beheben könnte. Aber es ist ein Aufwand, der sich lohnt. Das merke ich am Feedback von vielen ahnungslosen Leidensgenossen. Und das merke ich seit Monaten jeden Abend, wenn ich die Nachrichten schaue und die neuesten Snowden-Auswertungen von *Washington Post, Guardian* und *SPIEGEL* präsentiert bekomme. Allein die Überlegung, ob eine E-Mail so wichtig ist, verschlüsselt zu werden, trifft mich. Weil ich genau weiß, dass es so auch vielen anderen gehen wird.

Ich nehme mir also vor, konsequent zu bleiben. Wann immer ich die Möglichkeit – also einen PGP-nutzenden E-Mail-Partner – habe, werde ich E-Mails verschlüsseln – ob ohne viel Aufwand am Mac oder mit viel Klickerei am iPhone. Bislang halte ich durch.

Dein Tobias

S/MIME am Smartphone

Liebes Tagebuch,

vor jedem neuen Versuch, einen Schritt weiter in die Welt des Verschlüsselns einzutauchen, habe ich weniger Sorge. Die Mechanismen hinter den Technologien habe ich inzwischen verstanden, auch wenn ich sie noch lange nicht in Wikipedia- oder IT-Sprech wiedergeben könnte. Einmal überwunden, sich ein paar Schritte vorzuwagen, ist der Rest eigentlich ein Selbstläufer – mal mit mehr, mal mit weniger Aufwand, mal mit mehr, mal mit weniger Stolperfallen.

Nachdem ich PGP am iPhone inzwischen zum Laufen bringen konnte, muss nun auch S/MIME dran glauben und sich meine ersten Versuche, es auf dem iPhone zu benutzen, gefallen lassen. Ich erinnere mich: S/MIME war die Verschlüsselungstechnik mit dem von einer Zertifizierungsstelle beantragten Klasse-1-Zertifikat. Die Idee hinter S/MIME ist der von PGP ziemlich ähnlich, der entscheidende Vorteil ist aber die bessere Integration in alle gängigen E-Mail-Programme wie Thunderbird oder Outlook. Selbst Apple bietet S/MIME in seiner Mail-App am Mac an – und seit iOS 5 auch auf dem iPhone.

Genau das möchte ich jetzt haben. Denn seit ich S/MIME am Mac benutze, kommen hin und wieder auch mal damit verschlüsselte E-Mails auf meinem Smartphone an. Blöd nur, wenn ich damit dann nichts anfangen kann. Nach dem Hickhack mit der oPenGP-App, die mich bei PGP-verschlüsselten E-Mails – nennen wir es – »unterstützt«, habe ich die Hoffnung, dass das bei S/MIME ein bisschen einfacher geht und nachher auch benutzerfreundlicher im Umgang ist.

.p12 STATT .p7s?!

Zunächst einmal gilt es, wie bei PGP mit den Schlüsseln auch, mein Zertifikat aufs iPhone zu bekommen. Während ich bei der oPenGP-App dringend davon abgeraten habe, das per E-Mail zu tun, finde ich im Internet nur Anleitungen, die mir einen Versand per E-Mail auf die eigenen Adresse empfehlen. Ich bin misstrauisch, füge mich am Ende aber doch der Mehrheit der Meinungen. Die sagt, dass das beim S/MIME-Zertifikat kein Problem sei, solang das zugehörige Passwort lang und sicher genug ist. Ich wähle also ein extralanges Passwort, eine Kombination aus Groß- und Kleinbuchstaben, Ziffern, Sonderzeichen, 16 Stellen lang und nie vorher irgendwo verwendet – das sollte reichen. Auf die Idee, meine mühsam eingerichtete PGP-App für den Versand zu nutzen, komme ich leider erst später.

Doch bevor irgendwas ans iPhone geschickt werden kann, muss es erst einmal existieren. Mit dem .p7s-Zertifikat, was ich von der Zertifizierungsstelle Comodo bekommen habe, komme ich hier nämlich nicht weiter – das iPhone kann nur .p12-Dateien. Um an diese zu kommen, gehe ich in die Schlüsselbundverwaltung und suche nach meiner E-Mail-Adresse. Nun wird mir das zu dieser E-Mail-Adresse erstellte Zertifikat angezeigt, welches ich mit einem Rechtsklick als .p12-(»Personal Information Exchange«)-Datei exportieren kann.

Wenn ich die Datei nun auf meinem iPhone anklicke, öffnet sich die Einstellungen-App. Ich solle ein »Profil installieren«, steht da. Zudem die Information, wann ich es empfangen habe und dass der Inhalt ein Zertifikat sei. So weit, so gut. Aber was soll ein »Profil« sein? Und warum soll ich es installieren? Unter »Mehr Details« steht lediglich, dass die Zertifikatsdetails bis zur Installation kennwortgeschützt seien. Ich muss also erst installieren, bevor ich erfahre, was das eigentlich soll?

So geht's nicht. Erst einmal muss wieder Google herhalten und mir verraten, was Profile sind. Eine verständliche Anleitung finde ich nicht, dafür die beunruhigende Information, dass Profile »sehr mächtig« seien und auch durch Fremde, etwa Geheimdienste, zu meinem Nachteil verändert werden können – ich werde hellhörig. Eigentlich geht es aber nur um unbekannte Profile, etwa aus Mail-Anhängen von Leuten, die ich nicht kenne. Da ich ja weiß, was in meinem Profil ist, dürfte das also kein Problem sein. Zudem sind Profile wohl eigentlich beispielsweise für Firmen da, die Firmen-iPhones für die Mitarbeiter einrichten und bestimmte Rechte festlegen.

Also gut, dann wollen wir mal: Ich muss erst das Kennwort meines iPhones eingeben, anschließend das von mir eben beim Export festgelegte. Nun kann ich auch in die Details, die mir aber nicht wirklich helfen. Hier stehen Dinge über die Zertifizierungsstelle, den Signatur-Algorithmus und weitere Dinge, für die ich noch viel zu naiv bin in meinem jetzigen Stadium. Die gute Nachricht ist aber: S/MIME ist damit installiert, nun muss ich es nur noch aktivieren. Dafür gehe ich in die E-Mail-Einstellungen, wähle den entsprechenden Account aus, klicke auf »Erweitert« und aktiviere am unteren Bildschirmende »S/MIME«, »Signieren« und »Verschlüsseln«. Fertig.

S/MIME: REIBUNGSLOS UND OHNE ZWISCHENFÄLLE

Ich kann nicht anders als all jenen, die von der besonderen Benutzerfreundlichkeit von S/MIME geschwärmt haben, Recht zu geben: S/MIME rockt auf dem iPhone. Nicht nur, dass es schnell installiert ist, es macht auch noch alles, was nötig ist, von selbst. Sobald ich eine E-Mail-Adresse eingebe, deren public key ich schon habe (weil ich von ihr schon mal eine S/MIME-E-Mail bekommen habe), erscheint am oberen Rand der E-Mail ein Schloss und der Zusatz »Verschlüsselt«.

Und auch der Empfang von verschlüsselten E-Mails funktioniert reibungslos. Von den Mechanismen hinter der Verschlüsselung bekomme ich hier – wie auch beim Mac – nichts mit. Die E-Mail wird einfach lesbar angezeigt, ohne dass ich noch eine Passphrase (wie bei PGP) eingeben muss oder sonstige Umwege. Einzig am Schloss und dem kleinen Haken erkenne ich, dass eine E-Mail verschlüsselt (Schloss) und signiert (Haken) wurde. So stelle ich mir Einfachheit vor.

Bei S/MIME kann wirklich keiner mehr behaupten, Verschlüsselung wäre zu viel Aufwand. Einmal eingerichtet, läuft die Verschlüsselung sowohl am Mac als auch am iPhone einwandfrei und ohne Zwischenfälle. Ich bin sichtlich angetan – und kann mich nur für S/MIME begeistern. Toll!

Einen Haken hat S/MIME dann aber doch noch. Und der ist vielleicht nicht zu unterschätzen: Während bei PGP die Keys lokal auf dem Rechner erstellt werden, ist das Zertifikat bei S/MIME von einer externen Stelle. Zwar werden die Keys hier auch erst im Browser erstellt und verlassen den Mac nicht. Aber wer garantiert mir, dass ein Geheimdienst nicht die Zertifizierungsstelle unter Druck setzt?

Letztlich habe ich das Gefühl, dass auch die beste Verschlüsselung – ob mit PGP oder S/MIME – NSA und Co. im Zweifel nicht davon abhalten kann, meine E-Mails zu lesen. Es erschwert den Aufwand, den man für die Dechiffrierung bräuchte, aber dennoch um ein Vielfaches. Demnach zweifle ich nicht an meinem Weg und werde ihn weiter gehen. Auf dass mir einige Ahnungslose folgen werden.

Dein Tobias

Fingerprints

Liebes Tagebuch,

das Ziel, meine Daten und Kommunikation so gut wie für einen Anfänger möglich zu verschlüsseln, hält mich ziemlich auf Trab. Nicht, weil es keinen Spaß machen würde (ja, das macht es wirklich, wenn die ersten Erfolgserlebnisse eintreten). Es ist vielmehr die schier unendliche Vielfalt an Möglichkeiten, die mich schafft. Je mehr ich in die Materie eindringe, desto interessanter wird sie. Je mehr ich davon verstehe, desto einfacher.

Und genau darum nehme ich mir noch viel vor: Ich wüsste gerne mehr über die Transport Layer Security (TLS), die besser bekannt ist als Secure Sockets Layer (SSL) und wohl – so meine ersten Versuche, mich einzulesen – dafür da sind, sicheres Surfen zu ermöglichen. Außerdem würde ich mir gerne mal anschauen, wie verschlüsselte Instant-Messaging-Kommunikation funktioniert und wie man seine Daten eigentlich wirklich sicher mit einem Passwort schützt. Vorher aber möchte ich noch einen Begriff geklärt wissen, der mir bei meinen ersten Gehversuchen mit PGP und S/MIME immer wieder untergekommen ist: Fingerprints.

Sowohl bei den PGP-Keys – egal ob meinen eigenen oder den öffentlichen von anderen – als auch bei meinem S/MIME-Zertifikat wird mir in den Informationen der Punkt »Fingerprint« angezeigt. Aber was soll in diesem Zusammenhang ein Fingerabdruck sein? Muss ich jetzt in einen

Apple Store und am iPhone 5s meinen Fingerabdruck mit dem Schlüsselpaar verknüpfen? Und überhaupt: Wieso sieht der Fingerabdruck so komisch aus?

KEINE HEXEREI

Der Fingerabdruck meines PGP-Keys ist »17BE 5062 B65E BEB3 95AC 37FB 6724 0081 1047 AF6D«. Das sieht jetzt nicht gerade nach einem einzigartigen Muster auf meiner Fingerkuppe aus. Eher wie eine zufällig erstellte Code-Reihe. Die Suche nach meinem digitalen Fingerabdruck beginnt: Ich fange – wie fast immer – bei Google an.

Und das weiß mich direkt zu beruhigen: Fingerprints sind keine Hexerei – eigentlich ist das Thema eine ziemlich simple Sache, die ich schnell verstanden habe: Die digitalen Fingerabdrücke sind dafür da, die Echtheit eines

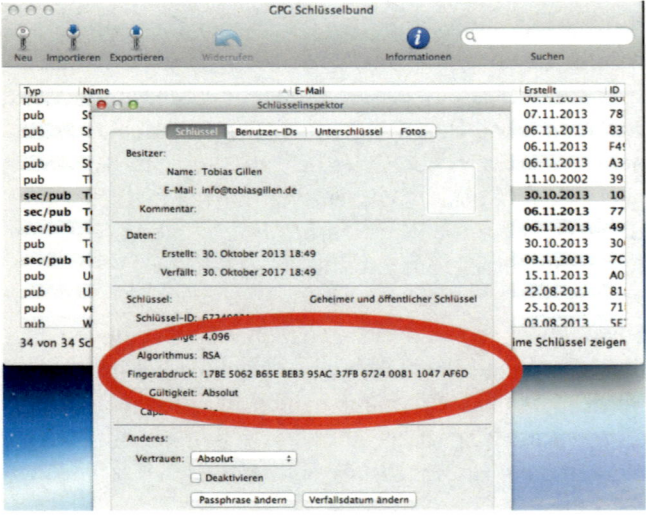

Schlüssels zu überprüfen. Schließlich könnte theoretisch mein Schlüssel von Hackern, NSA, BND oder sonst wem manipuliert worden sein. Um nun vorzubeugen, dass ich darauf keine hochsensiblen Nachrichten bekomme, sollte mein Gegenüber verifizieren können, dass ich es wirklich bin.

Dazu gibt es Fingerprints. Sie sind in gewisser Weise eine Art Quersumme, die sich aus meinem Schlüssel und meiner Schlüssellänge ergibt. Und sie sind – damit das auch funktioniert – logischerweise öffentlich.

KONKRETE BEISPIELE

Ein Beispiel: Wenn Anton eine Nachricht an Anja schicken möchte und ihren PGP-Key hat, kann er sich nicht sicher sein, dass dieser Key nicht zum Nachteil der beiden manipuliert worden ist. Aber: Anton hat Anjas Fingerprint – und kann das so überprüfen. Letztlich muss er dazu nur Anja kontaktieren und ihre Version des Fingerprints abgleichen. Wurde der Key modifiziert, müssten beide eine unterschiedliche Version der Zeichenabfolge haben. Ist der Key einmal verifiziert, kann Anton ihn mit seinem Schlüssel unterschreiben – sodass auch andere wissen: Dieser Schlüssel ist echt.

Eigentlich eine gute Sache, nur: Wie gleiche ich die Fingerabdrücke nun in der Praxis miteinander ab? Eine Möglichkeit wäre, dass ich meinen Fingerabdruck in mein Impressum oder auf meiner Kontaktseite veröffentliche. So müsste mein Gegenüber nur auf meine Website gehen und die Zeichenabfolge miteinander abgleichen. Grundsätzlich keine schlechte Idee, aber natürlich könnte auch meine Website geknackt und manipuliert worden sein.

Davon würde ich eigentlich jetzt einfach mal absehen, aber ich bin ja angetreten, um es möglichst sicher zu haben. Also muss auch das sicherer gehen.

Man könnte sich die Fingerabdrücke nun gegenseitig per E-Mail zuschicken... Aber nein, lieber nicht. Besser wäre – und das ist zweifelsfrei die sicherste Variante – ich checke die Abfolge persönlich mit meinem Gegenüber. Da das zwecks räumlicher Distanz nicht immer möglich ist, kann ich auch auf das gute alte Telefon zurückgreifen und meinen Fingerprint vorlesen. Geht es wirklich um sehr sensible Daten, würde ich dringend zu dieser Möglichkeit raten. Ansonsten ist die Veröffentlichung auf der Website schon einmal ein guter Anfang.

PLÖTZLICH KLINGELT ES!

Wie oben angemerkt, können so die einzelnen Schlüssel unterschrieben werden – und das zwei Mal: Einmal von mir selbst und einmal von meinem Gegenüber. So weiß man: »Ah, dieser Schlüssel ist vertrauenswürdig.« Und es entsteht langsam, aber sicher etwas, das sich »Web of Trust« nennt.

Plötzlich klingelt es! Im ersten Eintrag! Der Wikipedia-Artikel, den ich nicht verstanden habe! Da habe ich »Web of Trust« schon einmal gehört. Ich blättere ein paar Seiten zurück und finde den Satz, der sich auf PGP bezog:

»PGP basiert dabei auf dem sogenannten Web of Trust, bei dem es keine zentrale Zertifizierungsinstanz [Anmerkung des Autors: wie bei S/MIME] gibt, sondern Vertrauen von den Benutzern selbst verwaltet wird.«

Freude kommt auf, ist das der Durchbruch? Ich habe einen Begriff verstanden, der mich am Anfang meines Experiments dazu veranlasst hat, zu schreiben:

»Hilft das jemandem weiter, der bei Null anfängt? Eher nicht. Also schnell weg. Am liebsten würde ich jetzt schon aufgeben, wozu das alles? Ich fühle mich dumm. Eigentlich bin ich Tech-Blogger, Medienjournalist. Ich beschäftige mich den ganzen Tag mit Apple, Facebook, Twitter und Co., lese Texte über die NSA und bin jedes Mal schockiert, wenn ich sehe, was der amerikanische Geheimdienst alles mitbekommen hat in den letzten Jahren. Und dennoch verstehe ich nicht einmal den Wikipedia-Artikel zum Thema E-Mail-Verschlüsselung.«

Es ist Zeit, das richtig zu stellen. Nun schlage ich zurück – und schaffe mir auch noch »Web of Trust« drauf. Und nun muss ich endlich mal eine Lanze für die Wikipedia brechen: Die Idee hinter »Web of Trust« – oder, zu Deutsch: Netz des Vertrauens – ist hier wirklich verständlich erklärt. Und, zugegebenermaßen, auch nicht besonders schwer. Daher möchte ich hier aus der Wikipedia – leicht von mir vereinfacht – zitieren:

»Web of Trust ist in der Kryptologie die Idee, die Echtheit von digitalen Schlüsseln durch ein Netz von gegenseitigen Bestätigungen (Unterschriften), kombiniert mit dem individuell zugewiesenen Vertrauen in die Bestätigungen der anderen, zu sichern.«

Das bedeutet in der Praxis, dass ich die Echtheit des Schlüssels von einer mir unbekannten Person dadurch verifizieren kann, dass eine mir bekannte Person ihn schon mal »für echt« (sic!) befunden hat. Auch um das konkreter zu machen, greife ich ein Beispiel der Wikipedia auf und passe es einfachheitshalber an:

> »Anton signiert den Schlüssel von Anja und vertraut Anjas Schlüsselsignaturen. Anja signiert den Schlüssel von Peter. Somit betrachtet Anton den Schlüssel von Peter als gültig.«

Selbst wenn Anton Peter nicht kennt, würde er seinen Schlüssel als gültig ansehen können, weil er Anja, die beide kennt, vertraut. Natürlich ist das Beispiel sehr einfach gehalten, aber wenn man davon ausgeht, dass nach dem »Kleine-Welt-Phänomen« von Stanley Milgram aus dem Jahre 1967 jeder Mensch über durchschnittlich sechs bis sieben Ecken miteinander verbunden ist, dann wird aus der Idee schnell ein Schuh – und das »Web of Trust« muss in seiner eigentlichen Bedeutung übersetzt werden, nämlich »Netz des Vertrauens«. Und nicht – wie anfänglich von mir angenommen – »Internet des Vertrauens«.

Viel Stoff für heute. Auch wenn ich eigentlich »nur mal eben« nachschauen wollte, was diese komischen Fingerprint-Codes für einen Zweck haben. Ich bin stolz: Wikipedia, langsam kann ich es mit dir aufnehmen!

Dein Tobias

Sicheres Surfen im Browser

Liebes Tagebuch,

alle meine bisherigen Bemühungen, in die Welt der IT-Kryptologie einzusteigen, beschäftigten sich mit E-Mails und ihrem verschlüsselten Versand. Das ist zwar schon mal ein guter Anfang, bringt mich beim Surfen aber auch nicht wirklich weiter. Schließlich schreibe ich am Rechner nicht nur E-Mails (auch wenn man das bei einem Blick in meine Inbox meinen könnte), ich recherchiere auch Dinge im Internet, nutze eBay und Amazon, PayPal und Gmail. Da stellt sich der Neugier in mir natürlich die Frage, wie ich meine Verschlüsselung auch in diesem Bereich optimieren kann.

Die Lösung, das weiß ich, lautet TLS, vielen noch bekannt unter der Abkürzung SSL. Was genau aber TLS bewirkt und wie es funktioniert, habe ich nie verstanden. Und um ehrlich zu sein: Bislang hat es mich auch nicht interessiert. Nun aber möchte ich auch damit beginnen, meine Datenwege im Internet zu verschlüsseln – und stürze mich mal wieder in ein neues Abenteuer.

Wofür TLS steht, habe ich schon herausgefunden: Es bedeutet Transport Layer Security, also auf Deutsch »Transportschichtsicherheit«. Irgendwie kann ich mich noch nicht so ganz an TLS gewöhnen, dafür habe ich viel zu oft in den letzten Jahren von SSL gehört. TLS klingt so neu und unbekannt. Eigentlich aber ist es nur die dritte Version von SSL. TLS 1.0 würde, wenn man es umwandeln möchte, SSL 3.1 entsprechen. Am besten höre ich auf, immer beide zu nennen – bleiben wir bei und gewöhnen uns an TLS.

VIDEO FÜR DUMME HILFT

Die Wikipedia ist hier wieder eine absolute Katastrophe. So sehr ich sie auch beim Verständnis von »Web of Trust« gelobt habe: Bei den ersten Absätzen von TLS verstehe ich nur Bahnhof. Wenigstens ein mir bekannter Begriff taucht auf – und der spielt beim Thema TLS wohl eine entscheidende Rolle: HTTPS.

HTTP ist letztlich nichts anderes als ein Helferlein, das eine Website aus dem Internet in meinen Browser (Firefox, Safari, Chrome, ...) lädt. Das »S« bei HTTPS steht für »Secure«, sodass die Abkürzung insgesamt den wunderbar einfachen Namen »HyperText Transfer Protocol Secure« trägt. Na, jetzt kann der Spaß ja beginnen!

Ich muss die Suche ausweiten, versuche mein Glück nun auf YouTube. Hier finde ich ein tolles Video für die Dümmsten unter den Dummen – genau mein Ding. Dort wird erklärt, was TLS eigentlich kann. Und ich verstehe: Wenn ich eine Anfrage starte, also in meinen Browser eine Internet-Adresse eingebe, dann geht die Anfrage von meinem Computer an den Server des Betreibers der Adresse. Gebe ich also *spiegel.de* ein, wandert meine Anfrage durch die Weiten des Internets zu den Servern von *SPIEGEL ONLINE.*

Nur auf den Schutz meiner sensiblen Daten gemünzt, ist das soweit kein Problem. Schließlich gebe ich damit nicht viel von mir preis. Lediglich, dass ich gerade Nachrichten auf *SPIEGEL ONLINE* lesen möchte. Auf den

Schutz vor Geheimdiensten gemünzt, ist das aber sehr wohl entscheidend: Schließlich möchte ich eigentlich nicht, dass NSA, BND und Co. wissen, welche Nachrichten mich interessieren und ob ich vielleicht gerade einen Artikel über den Drogenumschlagplatz »Silk Road« oder die erste Waffe aus einem 3D-Drucker lese.

Interessant wird es zudem, wenn es wirklich um sensible Daten geht – also zum Beispiel beim Shopping bei Amazon, Zalando, eBay oder einer Bezahlung mit PayPal. Hier gebe ich mitunter Informationen meiner Kreditkarte oder meiner EC-Karte oder einfach nur meine Adresse raus. Klicke ich also bei *paypal.com/de* auf »bezahlen«, geht – wie bei *SPIEGEL ONLINE* – eine Anfrage an die Server von PayPal, diesmal aber nicht mit dem simplen Befehl, mir mal die Nachrichtenlage auf den Browser zu holen, sondern gegebenenfalls mit meinen sensiblen Kontodaten.

Um zu verhindern, dass diese Daten frei zugänglich für jeden rausgehen, kann man die Daten verschlüsselt senden – und genau dafür ist TLS da. Darum muss ich mich eigentlich gar nicht selbst kümmern, mir eine verschlüsselte Umgebung anzubieten ist schon fast die moralische Pflicht von Online-Shops. Die traurige Wahrheit ist aber wohl auch, dass die Mehrheit PayPal und Co. auch dann nutzen würde, wenn die Dienste keine TLS-Verschlüsselung anbieten würden.

VERTRAUEN IST GUT, KONTROLLE IST BESSER

Für mich bedeutet TLS also erst einmal nur: aufmerksam sein! Denn ob eine Website TLS anbietet, ist heutzutage laut dem Video einfach zu erkennen: Jeder gängige

Browser gebe diese Information nämlich in der Adress-
zeile neben der Internet-Adresse aus. Wirklich? Das pro-
biere ich doch lieber schnell mal aus.

Mein Test: *paypal.com/de*, *zalando.de*, *amazon.com*,
ebay.com und *mail.google.com*.

Auf der Website von PayPal finde ich den Hinweis direkt:
Es ist ein kleiner, grüner Kasten links neben der Adresse.
Darin sehe ich ein Schloss und »PayPal, Inc.« Klicke ich
den Kasten an, gibt mir mein Browser aus: »Safari ver-
wendet eine sichere Verbindung zu *www.paypal.com*«.
Darunter ein kurzer Text:

> *»Die Verschlüsselung mit einem digitalen Zertifi-
> kat sorgt dafür, dass Daten sicher an oder von der
> https-Website www.paypal.com gesendet werden.
> VeriSign, Inc. hat festgestellt, dass www.paypal.
> com von Eigentümer PayPal, Inc. in San Jose, Ca-
> lifornia, US, stammt.«*

Bei *ebay.com* ist das anders. Ich sehe den Kasten nicht,
auch nicht, als ich nach »Giraffen-Plüschtier« suche. Offenbar scheint die reine Information, was ich suche und

für was ich mich interessiere, nicht besonders spannend zu sein. Sobald ich in den Bereich komme, in dem ich mich anmelden soll, ist aber auch eBay zur Stelle und ich sehe bei der PayPal-Mutter den gleichen grünen Kasten, diesmal mit »eBay, Inc.«

Bei Zalando muss ich mich ebenfalls bis zur Registrierung vorklicken – bekomme dann allerdings keinen grünen, sondern nur einen grauen Kasten angezeigt. Darin: »https« und das bekannte Schloss. Letztlich ist der Text identisch zu dem von PayPal und eBay – dem kann ich wohl auch vertrauen. Bei Amazon und Googlemail finde ich das gleiche Bild.

Und was bedeutet das jetzt? Eigentlich ist es ganz einfach: Wenn eine Website über *https://example.com* erreichbar ist und ich den grünen Zertifikats-Kasten sehe, weiß ich, dass meine Daten ab jetzt verschlüsselt versendet werden. Das würde die NSA im Zweifel auch nicht lange aufhalten, aber immerhin kann ich mir so lästige Hacker vom Hals halten, die meine Daten abfangen wollen. Tun sie es trotzdem, bekommen sie nur Zeichensalat zu sehen – ätsch.

ANGEMESSEN KRITISCH SEIN!

Auf diesem Wege kann ich mich übrigens auch vor Phishing-Attacken schützen: Wer mir vorgaukelt, er wäre PayPal, aber kein Zertifikat vorweisen kann, ist raus. Das ist besonders wichtig beim beliebten E-Mail-Spam der Art »Ändern sie ihre Paswort von der Sparkaße heute noch!« (sic!) oder »Ihr PayPal-Konto wird gesperrt, wenn Sie sich nicht verifizieren.« Die Websites sehen dann meist genauso aus, wie die von Sparkasse oder PayPal und zeigen – wenn nicht die letzten Amateure am Werk waren – sogar die richtige Adresse an. Man kann aber sicher sein, dass Sparkasse, PayPal und Co. a) niemals nach solchen Daten fragen würden und b) wenn, dann wohl kaum ohne zertifizierte TLS- und https-Sicherheit.

Was TLS ist, habe ich so langsam verstanden: Internet-seiten-Betreiber müssen sich von einer unabhängigen Zertifizierungsstelle bestätigen lassen, dass sie echt sind und dass sie die Anfragen verschlüsselt ausgeben – etwas Ähnliches habe ich ja bereits bei S/MIME kennengelernt. Ist dem so, dürfen sie das Zertifikat (siehe PayPal oben) in der Adressleiste im Browser einblenden. Das erklärt zwar nicht genau die Technik dahinter, die ebenfalls mit Schlüsseln und Schlössern funktioniert, aber den Zweck – und der heiligt in diesem Fall die Mittel.

Übrigens kann man TLS auch beim E-Mail-Versand ein-setzen. Jeder der gängigen E-Mail-Anbieter bietet eine TLS-verschlüsselte Verbindung per IMAP oder POP3 an. Ebenso jedes gängige E-Mail-Programm, auch mobil auf iOS, Android und Co. Hier empfiehlt sich dringend, mal in die Einstellungen der einzelnen Programme zu schau-en – in der Regel müssten die Optionen voreingestellt ausgewählt worden sein.

Ich muss zugeben: Die Idee hinter TLS ist grundsätzlich nicht schwer zu verstehen. Dennoch habe ich noch im-mer das Gefühl, völlig im Dunkeln zu tappen. Ich schaue mir also noch ein paar Mal das Video für Dumme an. Und halte solange schon mal fest: Aufmerksam nach den Zertifikaten schauen, Websites – sofern möglich – über https:// aufrufen (Browser-Addons beachten!), E-Mail-Programme umstellen und beim Versand von sensiblen Daten immer angemessen kritisch sein.

Dein Tobias

Sichere P4s5WOerTeR

Liebes Tagebuch,

im Herbst 2013 brachen Hacker beim Software-Konzern Adobe ein und erbeuteten mehrere Millionen Kundendaten, darunter auch verschlüsselte Kreditkarteninformationen und Passwörter. Von knapp drei Millionen Datensätzen war die Rede, die Aufregung hielt sich in Grenzen. Wenig später aber musste diese Angabe entscheidend nach oben korrigiert werden: Die Hacker erbeuteten zusätzlich 153 Millionen (!) E-Mail-Adressen, Passwörter und Passwort-Hinweise. Das ist schon schlimm genug, aber es geht noch schlimmer: Adobe hat lediglich die Passwörter verschlüsselt hinterlegt, nicht aber den Benutzernamen (=E-Mail-Adresse) und die Passwort-Hinweise (ähnlich einer Sicherheitsfrage, wenn man sein Passwort mal vergessen hat).

Es dauerte nicht lange, da war der riesige Datensatz frei im Netz verfügbar – und die Tüftler unter den Hackern machten sich an die Fleißaufgabe: Sie versuchten, die Passwörter zu entschlüsseln. Das hätte sie eigentlich aufgrund der Verschlüsselung von Adobe schon mal einige Zeit beschäftigt, doch es ging schneller als gedacht, da taumelten die »Top 100« der meistbenutzten Passwörter von Adobe-Nutzern durch die Weiten des Internets.

Nun stellt sich mir eine Frage: Wie sind die Hacker an die sensiblen Passwörter gekommen? Haben sie sich echt die Mühe gemacht und zig Millionen Passwörter geknackt, um dann in einen nutzlosen Account einzudringen? Nö.

Und die Antwort ist eigentlich ganz einfach: Mit den Passwort-Hinweisen.

«123456« VOR »123456789«

Bedauerlicherweise hatte ein Großteil der Nutzer nämlich ihre lächerlich simplen Passwörter mit lächerlich dämlichen Hinweis-Fragen geschützt. Ein Beispiel? Das meistbenutzte Passwort war – das hätte man sich auch denken können, wenn man vergleichbare Statistiken kennt – »123456«. Nun die Preisfrage: Was ist die Sicherheitsfrage gewesen? »1-6=?«

Auf Platz zwei liegt »123456789«, auf Platz drei »password«, gefolgt von »adobe123« und »12345678«. Wirklich einfallsreich ist das nicht. Für mich bedeutet das: herausfinden, was ein sicheres Passwort ist.

Um das zu klären, muss ich erst einmal wissen, wie genau Hacker so ein Passwort eigentlich knacken können. Schnell stoße ich auf den Begriff »Brute-Force-Angriff«. Zu Deutsch also sinngemäß »Angriff mit roher Gewalt«. Das klingt gefährlich und ist es auch, allerdings ist es weit weniger brutal, als man annehmen würde.

Denn ein Brute-Force-Angriff ist nichts anderes als stures Ausprobieren – und damit eine der vielen Möglichkeiten, an Passwörter zu kommen. Letztlich ist es das, was ich früher in Matheklausuren immer gemacht habe, um der Lösung wenigstens im Ansatz näher zu kommen, auch wenn ich meinen Lösungsweg anschließend nicht erklären konnte. Einziger Unterschied: Bei einem Brute-Force-Angriff läuft das eine Ecke schneller ab – aber nur ein winziges bisschen, ehrlich!

Man geht heute, das verrät mir meine Freundin Wikipedia, von etwa einer Milliarde Kombinationen aus, die ein moderner Computer mit guter Ausstattung durchprobieren kann – in einer einzigen Sekunde (!). (So ähnlich ging ich in Matheklausuren übrigens auch ab, wenn ich vorher ausreichend Kaffee oder Energydrinks getrunken hatte.)

RECHENSPIELE

Daraus ergeben sich einige aufschlussreiche Zahlen, deren Berechnung folgende Formel zugrunde liegt: *Anzahl der maximalen Versuche = Zeichenraumgröße hoch Passwortlänge.*

Die Zeichenraumgröße ist dabei die Anzahl der möglichen Zeichen. Bei einem Passwort aus Kleinbuchstaben wäre das also 26 (a, b, ... y, z). Bei einem Passwort aus Groß- und Kleinbuchstaben entsprechend 52 (a-z; A-Z), inklusive Ziffern 62 (a-z; A-Z; 0-9) und inklusive Sonderzeichen schon 96.

Machen wir das an einem Beispiel fest: Im Fall des meistbenutzten Passwortes der Adobe-Nutzer, »123456«, läge die Zeichenraumgröße nur bei 10, die Länge bei 6. Entsprechend müsste man folgende Rechnung anstellen, um die Dauer zu errechnen, die ein Brute-Force-Angriff bräuchte, um Erfolg zu haben:

$$10^6 = 1.000.000$$
$$1.000.000 / 1.000.000.000 = 0,001 \text{ Sek.}$$

Das beweist, dass ein Passwort dieser Länge auch ohne die selten naive Sicherheitsfrage keinen Bestand gegen einen Angriff hätte. Ich muss zugeben, dass mir das zwar bewusst war, ich aber auch nicht wirklich großen Wert auf meine Passwörter gelegt habe. Erst jetzt, wo mir das so bildhaft vor Augen geführt wird, verstehe ich: Einfach mal davon auszugehen, dass es mich schon nicht treffen wird, ist dumm. Und auch wenn meine Passwörter sicherer sind als »123456«: Ich brauche neue Passwörter.

Aber was genau macht ein sicheres Passwort aus? Dazu reicht es eigentlich schon, ein bisschen den Taschenrechner zu schwingen. Nehmen wir an, mein Passwort besteht aus Groß- und Kleinbuchstaben und ist fünfstellig – etwa »BAsiC«:

$$52^5 = 380.204.032$$
$$380.204.032 / 1.000.000.000 = \textbf{0,38 Sek.}$$

0,38 Sekunden? Das ist zu wenig. Mehr muss her! Ich versuche es mal mit allen möglichen Zeichen, also Groß- und Kleinbuchstaben, Ziffern und Sonderzeichen – diesmal sechsstellig beim Wort »t0b!aS«:

$$96^6 = 782.757.789.696$$
$$782.757.789.696 / 1.000.000.000 = 782,76 \, Sek.$$
$$782,76 / 60 = \textbf{13,04 Min.}$$

Das sieht doch schon besser aus, würde mich aber nicht zufriedenstellen. Die Frage ist in diesem Fall, wie lange ein Hacker vor einer Aufgabe sitzen bleiben würde. Zudem sind die 1.000.000.000 Versuche pro Sekunde nur eine ungefähre Schätzung, es gibt weitaus schnellere und leistungsfähigere Computer und Programme, die die Zeit noch einmal deutlich verkürzen würden.

Und überhaupt: Gemeint ist natürlich nur die maximal benötigte Zeit. Wenn das Programm nach fünf Versuchen das richtige Passwort hat, ist die ganze Rechnung ohnehin »für die Katz«. Ich brauche es also noch etwas sicherer. Gehen wir mal von 12 Stellen mit Groß- und Kleinbuchstaben, Ziffern und Sonderzeichen aus, etwa beim Wort »t0b!aSg1LlEn«:

$$96^{12} = 612.709.757.329.767.363.772.416$$

Das geteilt durch eine Milliarde und anschließend durch 60 Sekunden, 60 Minuten, 24 Stunden und 365 Tage ergibt immerhin noch die süße Dauer von **19 Millionen Jahren** – gekauft!

PASSWÖRTER EINFACH MERKEN

Aber keine Sorge, es ist nicht zwingend nötig, sich nun 12 Zeichen auf die kopfeigene Festplatte zu schaffen. Acht Zeichen aller Art dürften voll und ganz ausreichen. Damit würde man sich die Hacker schon 84 Tage vom Leib halten. Und das ist sicher schon länger, als die meisten Hacker auf ein Ergebnis warten würden. Klar ist aber auch, dass bei den Sicherheitsfragen dringend darauf geachtet werden sollte, dass man sie nicht auf Anhieb erraten kann. Ist mein Passwort also G!r4Ffe, wäre »Tier mit langem Hals« nicht sonderlich einfallsreich. Schließlich sind die Kombinationen, mit denen man »Giraffe« mit Buchstaben, Zahlen und Sonderzeichen schreiben kann, auch nur sehr beschränkt.

Es bietet sich an, ein Passwort zu wählen, das niemand erahnen kann, weil es a) einzigartig und individuell ist und b) ausreichend lang. Natürlich muss man sich so ein

Passwort aber auch merken können – und da fängt das eigentliche Problem an: »7Ha6e9!2fDjdE« ist nicht sonderlich einfach zu merken. Aber es gibt einen Trick: Man bastelt sich einen Satz und nimmt von jedem Wort anschließend die Anfangs- oder Endbuchstaben oder meinetwegen den zweiten Buchstaben jeden Wortes. Nun muss man sich nur noch den Satz merken und kann sich eine prima Eselsbrücke bauen.

Ein Beispiel: Ich mag Medienkram, den 1. FC Köln und Blogging. Ein Satz wäre dann etwa »Ich schreibe gerne ins Internet während ich den 1. FC Köln gucke.« Daraus würde dann die Kombination »Isg!Iwid1FCKg«, also:

Ich **s**chreibe **g**erne **!**ns **I**nternet **w**ährend **i**ch **d**en **1**. **FC K**öln **g**ucke.

Das klingt am Anfang komplizierter, als es eigentlich ist. Und wenn man sich einmal seinen eigenen Satz gemerkt hat, ist alles Weitere kein Problem mehr. Übrigens: Für dieses Passwort bräuchte eine Brute-Force-Attacke **1,865 Trillionen Jahre**, eine Zahl mit 18 Nullen.

Ein sicheres Passwort ist also keine Hexerei. Und dennoch habe ich wenig Hoffnung, dass die »Top 100« beim nächsten Datenleck anders aussehen werden. Dabei ist es wirklich so einfach. Ich jedenfalls habe meine Kennwörter nun umgestellt. Und, ganz wichtig: nicht überall dasselbe Passwort benutzt. Hat ein Hacker nämlich doch mal eins abgegriffen, kann er damit nicht zwangsläufig in alle anderen meiner Accounts eindringen.

Na, da hat sich die viele Rechnerei doch gelohnt – ganz ohne Brute-Force-Methode...

Dein Tobias

Die 3 Lehren aus den Snowden-Files

Liebes Tagebuch,

Edward Snowden ist mein persönlicher Held des Jahres. Nicht umsonst sind ihm diese Seiten gewidmet. Ich mag Menschen, die aus vollster Überzeugung heraus handeln und den Mut haben, damit auch schwere Wege zu gehen. Ein anderes Beispiel ist hier Julian Assange, der es sich mit ziemlich vielen Staaten auf der Welt ordentlich verscherzt hat. Auch wenn Assange weit weniger sympathisch ist als Edward Snowden: Er hat eine Überzeugung, und die setzt er um – auch wenn das bedeutet, dass er jahrelang in der ecuadorianischen Botschaft festsitzt. Oder Chelsea (Bradley) Manning, der sein Leben lang in Haft sitzen wird, weil er Assanges Website WikiLeaks geheime Dokumente und Videos zugespielt hat. Oder, oder, oder. Die Liste ist für ein E-Book sicherlich zu lang, aber eigentlich noch viel zu kurz.

Allein gegen die USA und Großbritannien – Edward Snowden hat gezeigt, dass zu Überzeugung eine gehörige Portion Mut gehört. Mit den Veröffentlichungen in *Washington Post*, *Guardian* und *Der SPIEGEL* wird der Weltöffentlichkeit seit Monaten vor Augen geführt, was die Geheimdienste von unserer Kommunikation mitlesen können – und wie gefährlich das für unsere Gesellschaft und Wirtschaft mitunter sein kann.

Und dennoch merke ich zunehmend, wie wenig die Menschen doch noch zuhören. Auf Twitter – in meiner »Filter-Bubble« – empören sich ständig alle, bei Facebook schon weniger, im analogen Leben fast überhaupt niemand. Langsam, aber sicher tritt bei den NSA-Enthüllungen ein Effekt ein, wie wir ihn schon von vielen anderen andauernden Ereignissen kennen, etwa dem Syrien-Krieg. Dadurch, dass man davon Tag und Nacht überall hört, liest und Beiträge im Fernsehen sieht, scheint der Kopf irgendwann abzuschalten. Er scheint schlechte Nachrichten einfach auszublenden, wenn es ihm zu viel wird. Er scheint das irgendwann nicht mehr hören zu wollen. Das ist traurig. Und in Syrien wird weiter geschossen.

Auch wenn ich mich schwer tue, den Syrien-Krieg mit den Snowden-Files zu vergleichen – eines haben beide gemeinsam: Sie sind weit weg. Die Internet-Menschen wissen um die Gefahr durch die ständige Ausspähung unter den Staaten, alle anderen nicht – und da ändert leider auch der beste *SPIEGEL*-Artikel nichts dran. Dabei ist die Öffentlichkeit um das Thema eigentlich genau das, was wir gebraucht haben. Dabei kann man dadurch so viele wichtige Lehren ziehen. Ich habe das für mich einmal versucht:

Lehre #1: Das Internet ist nicht zwangsläufig böse. Aber um unsere Sicherheit müssen wir uns trotzdem selbst kümmern.

Was bedeutet das? Nun, Los Angeles oder Johannesburg (beides fantastisch tolle Städte, absolute Empfehlung!) sind auch nicht unbedingt böse. Aber dort nachts allein mit dem Bus zu fahren ist nicht gerade ratsam. Deswegen mietet man sich eher ein Auto oder fährt mit dem

Taxi, sperrt in einschlägigen Gegenden an der Ampel die Tür ab – oder hält, sofern möglich, erst gar nicht an.

Im Internet gilt das gleiche Prinzip: Uns schützt hier keiner. Man muss sich nur mal die Lethargie unserer Regierung anschauen, **bevor** es um Angela Merkels Handy ging. »Ja, irgendwie ist das alles böse, aber weiß auch nicht, mal abwarten«, war im Klartext aus so ziemlich jedem Statement zu dieser Zeit zu ziehen. Mehr nicht. Und das, obwohl die Geheimdienste Dinge tun, die gegen unser aller Grundrecht verstoßen.

Wenn ich also nicht möchte, dass jemand mitliest, dann muss ich mich selbst darum kümmern. Und das möglichst bald. Die Seiten in diesem Tagebuch sind mein Anfang.

Lehre #2: Die NSA ist nicht alles!

Die Snowden-Files haben uns eines wieder aufgezeigt, was eigentlich längst bekannt war: Privatsphäre ist Silber, Daten sind Gold. Aber, und das ist ganz wichtig: Die NSA ist nicht alles! Denn Daten sind auch für viele anderen Menschen wichtig. Nicht nur Regierungen oder Geheimdienste, Facebook oder Google haben daran Interesse, sondern auch (böswillige) Hacker, Konkurrenzunternehmen, uns schlecht gesonnene Kollegen, etc. pp.

Wer also jetzt anfängt, meinem Vorbild zu folgen und sich mit der Thematik zu beschäftigen, sollte wissen, wofür er das tut: Nämlich nicht **gegen** die NSA, den GCHQ oder den MI6, sondern nur **für** sich! In einer Welt, in der alles und jeder miteinander vernetzt ist, ist ein Stück Privatsphäre wichtiger als je zuvor.

Lehre #3: Die Debatte muss weiter gehen – aber in die richtige Richtung!

Eine Konsequenz aus der Tatsache, dass unsere Gesellschaft zunehmend den Überblick über und das Interesse an der NSA-Affäre verliert, ist, dass die eigentliche Debatte trotz der scheibchenweisen Veröffentlichung der Dokumente immer wieder droht einzuschlafen. Und dann in völlig falschem Maße weitergeht.

Jetzt, wo bekannt ist, dass Angela Merkels Handy abgehört wurde (und wird?), ist die Politik aufgewacht und diskutiert endlich mal über die Thematik. Halt, nein, sie diskutiert über das Kanzlerinnen-Handy. Nicht aber darüber, dass die Grundrechte einer Gesellschaft mit Füßen getreten wurden.

Auch wenn wir bequem sind, auch wenn wir in einer Lethargie aus Unlust und Desinteresse feststecken: Wir müssen uns aufraffen und diese Diskussion am Leben halten, sie weiterführen, auch wenn es schwer ist. Und das auch, wenn sie von Ronald Pofalla oder sonst wem noch so oft »für beendet« erklärt wird.

Verschlüsselung ist ein Anfang. Aber das Ende ist noch lange nicht in Sicht. Hoffentlich.

Dein Tobias

Tolle Erfahrungen

Liebes Tagebuch,

es liegen ein paar spannende Tage hinter uns. Tage, die mich viel zum Nachdenken angeregt haben. Tage, die mich manchmal zweifeln ließen. Aber auch Tage, die es wert waren. Denn was bleibt von dem, was ich mir – nicht immer einfach, dafür teils sehr mühsam – im Bereich der Verschlüsselungsthematik erarbeitet habe? Genau, eine ganze Menge Erfahrung.

Erfahrung, die nun als Grundstein herhalten muss für den »Profi-Kram« (also, wenn ich dann irgendwann mal nicht mehr Anfänger bin). Ich werde den Weg raus aus der Bequemlichkeit weitergehen – und kann nur jedem raten, es mir gleichzutun. Auch dann noch, wenn mal nicht alles nach Plan läuft, wenn mal unbekannte Fehlermeldungen auftreten, wenn mal eine E-Mail ankommt, die man – warum auch immer – nicht entschlüsseln kann.

Jedenfalls bin ich mächtig stolz auf mich. Nach zwei Absätzen aus dem Wikipedia-Artikel über PGP wollte ich schon hinschmeißen; habe mich gefragt, was das alles soll. Beim Export meines S/MIME-Zertifikats aus der Schlüsselbundverwaltung wäre ich fast geplatzt vor Wut darüber, dass einfach keine .p12-Datei vorhanden war. Zwei Stunden später, nach einer kurzen Pause, hat es dann geklappt. Spannend war auch die Rechnerei mit den Passwort-Längen: Inzwischen bräuchte ein Hacker mit der Brute-Force-Methode mehrere Millionen Jahre, um es zu knacken – und kann dabei nicht mit der Sicherheitsfrage tricksen. SSL? TLS? HTTPS? Kein Problem mehr, auch wenn ich die Technik noch nicht bis ins letzte Detail verstanden habe. Ich weiß jetzt immerhin, wofür und wann ich es brauche – und tappe auch hier nicht mehr komplett im Dunkeln.

Sich mal wieder etwas Neuem widmen, nicht immer den einfachen Weg durch die Datenleitungen gehen, das habe ich gelernt. Denn auch wenn unsere Netzaktivitäten nur rein virtuell sind: Unsere Privatsphäre ist zwingend schützenswert. Wer unbedingt an meine Daten will (und sich genügend auskennt), den werden meine ersten Gehversuche in der IT-Kryptologie im Zweifel nicht abhalten. Aber vielleicht kann ich es ihm hier und da nun ein bisschen schwerer machen – Schritt für Schritt, aber kontinuierlich.

Danke fürs »Zuhören«, liebes Tagebuch. Auf dass wir dich bald weiter füllen werden. (Vielleicht ja in einem zweiten Teil für Halbprofis?)

Dein Tobias

… ein halbes
Jahr später …

Widmung

Die folgenden Zeilen sind meinen
geliebten Großeltern gewidmet

Matthias und Erika Gillen

Einleitung

Liebes Tagebuch,

als Facebook im Februar 2014 für 19 Milliarden US-Dollar den Messenger WhatsApp gekauft hat, erlebte Threema einen großen Boom. Threema ist ein Messenger, der sichere Kommunikation durch Ende-zu-Ende-Verschlüsselung, asymmetrische Kryptografie, ein Validierungs-Log-Feature und Elliptic Curve Cryptography verspricht. Keine Ahnung, was das alles sein soll, aber ich werde es in den nächsten Tagen hier im Tagebuch herausfinden. Schließlich hat mich seit meinen ersten Gehversuchen mit Verschlüsselungstechnologien für den ersten Teil von »Verschlüsselt!« das Interesse gepackt – kurzum: Ich will mehr!

Ich bin inzwischen in der Lage, halbwegs sicher – oder, zumindest sicherer als vorher – E-Mails von A nach B zu schicken, kann sie mit PGP oder S/MIME verschlüsseln, einen Fingerprint abgleichen und weiß, was das Web of Trust damit zu tun hat. Außerdem habe ich mich mit sicheren Passwörtern (»P4sSwÖrT€rN!«) beschäftigt, kann ein TLS-Zertifikat erkennen und weiß, dass dessen Vorgänger das (noch) bekanntere SSL war. Doch macht mich das schon zum Experten für Kryptografie? Sicher nicht. Denn auch wenn ich PGP und S/MIME seit »Verschlüsselt!« auch am iPhone verwenden kann, sind grundlegende Bereiche meiner täglichen Kommunikation noch nicht abgedeckt, weder mit sicheren Lösungen noch mit Verständnis für das, was ich überhaupt lösen muss.

Es geht also in den folgenden Seiten hauptsächlich um mobile Kommunikation und Anonymität im Netz. Was ist das, was Threema da verspricht? Was bedeutet »Ende-zu-Ende«? Warum ist es wichtig, dass etwas quelloffen ist – oder eben nicht? Wie verhalte ich mich in offenen WLAN-Netzwerken richtig? Was ist ein VPN-Client und wie bekomme ich ihn ans Laufen? Was hat Tor hier und nicht auf dem Fußballfeld verloren? Fragen habe ich viele, Antworten mal wieder keine. Grund genug also, endlich anzufangen.

Dieses Tagebuch soll mir helfen, meine Erfahrungen festzuhalten – und, für den unwahrscheinlichen Fall, dass es jemandem in die Hände fällt (etwa durch Amazon, iBookstore oder wie auch immer so etwas passieren kann), vielleicht auch anderen Neugierigen helfen, die ersten Schritte zu sicherer Kommunikation zu gehen. Auch wenn ich es natürlich nicht gut heißen kann, einfach in einem fremden Tagebuch herumzustöbern. Das sei an dieser Stelle festgehalten. Aber jetzt endlich an die Arbeit!

Dein Tobias

»WhatsApp ist unsicher«

Liebes Tagebuch,

ich gehörte in jener Nacht im Februar auch zu den Journalisten, die eilig über den »Mega-Deal« zwischen Facebook und WhatsApp berichteten. Nie zuvor gab es in der Tech-Branche einen teureren Kauf. Microsoft hat mal 8,5 Milliarden US-Dollar für Skype locker gemacht, Google 12,5 Milliarden für Motorola und die Instagram-Übernahme von Facebook für eine Milliarde US-Dollar wirkt im Vergleich zum WhatsApp-Kauf fast schon wie eine Zahlung aus der Portokasse von Mark Zuckerberg. 19 Milliarden US-Dollar legte Facebook für das kleine WhatsApp-Team, deren inzwischen 500 Millionen Nutzer und einige Kompetenzen im mobilen Markt auf den Tisch.

Gefühlt die ganze Welt sprach am nächsten Tag über den Deal, an der Supermarkt-Kasse, auf Twitter, im Park – es gab kein anderes Thema mehr. Und das aus einem einfachen Grund: WhatsApp ist auf Smartphones so verbreitet wie keine andere nicht vorinstallierte App, 64 Milliarden Nachrichten hat das Unternehmen im April 2014 an einem einzigen Tag (!) verarbeitet. Kurzum: Unglaublich viele Menschen nutzen dieses Programm für ihre tägliche Kommunikation und hören nun, dass WhatsApp von Facebook übernommen wird. Facebook, diese Datensammelanstalt, diese unsichere Seite, die die Privatsphäre ihrer Nutzer nicht ernst nimmt. Die Schlussfolgerung vieler Menschen war nun, dass WhatsApp durch den Kauf auch unsicherer werden wird. Stichprobenartige Nachfragen zeigten mir aber, dass kaum einer genau erklären konnte, warum dem denn so sein sollte.

Vielleicht ist es daher keine schlechte Idee, mit Whats-App anzufangen und zu überlegen, warum genau Whats-App durch die Übernahme unsicherer werden könnte. Schließlich hat Facebook a) die Manpower und b) die Mittel, genügend Entwickler, Tüftler und Spezialisten vor die Codezeilen zu setzen und daran zu arbeiten. Zudem kann es sich Facebook – damit wären wir bei c) – als börsennotiertes Unternehmen schon lange nicht mehr erlauben, größere Negativschlagzeilen zu bekommen. Und fernab von Facebook: Auch bei WhatsApp ist seit einiger Zeit eine Entwicklung in diesem Bereich zu beobachten. Das sollte von den vielen Schwachstellen nicht ablenken, aber es tut sich etwas.

ETLICHE ZUSÄTZLICHE METADATEN

Vertraue ich WhatsApp deswegen? Nein. Genauso wenig, wie ich inzwischen unverschlüsselten E-Mails oder auch nur einer Facebook-Nachricht vertraue. Es ist ein ständiges Abwägen von Vor- und Nachteilen, von Aufwand und Nutzen, die meine Kommunikation heute bestimmen. Kann ich diese Informationen guten Gewissens rausgeben? Kann ich riskieren, dass sie abgefangen werden? Was, wenn? Bis zu den NSA-Enthüllungen im Sommer 2013 bin ich davon ausgegangen, der größte Einbruch in meine digitale Privatsphäre könnte das Knacken meines Facebook-Kontos oder meiner Googlemail-Adresse sein. Inzwischen aber frage ich mich, ob nicht die Tatsache, dass ich vor jedem Schritt überlege, wie ich mich verhalte, der größere Einbruch ist. Und ich weiß, dass es damit vielen ähnlich geht. Die NSA-Affäre, die anderen

Enthüllungen über die weltweiten Geheimdienste, die etlichen Datendiebstähle – all das macht in gewisser Weise paranoid. Oder doch nicht? Ich weiß nicht, ob ich mich sicher fühlen kann, wenn ich eine SMS schreibe oder eine E-Mail abschicke. Diese Unwissenheit ist es, was mich beschäftigt.

Tatsächlich kann nicht erwartet werden, dass WhatsApp durch die Facebook-Übernahme unsicherer wird. Der Punkt ist ein anderer: WhatsApp greift auf die Telefonbücher seiner Nutzer zu, um sie mit den Servern abzugleichen. Dadurch sieht WhatsApp, dass mein Kontakt A ein WhatsApp-Nutzer ist und mein Kontakt B eben keiner. Kontakt A kann ich daher schreiben, Kontakt B lediglich einladen. Aber nicht nur WhatsApp hat Telefonnummern. Auch Facebook sammelt die Nummern seiner Nutzer nur allzu gerne ein, getreu dem Motto: Je mehr Daten, desto besser und desto mehr Geld lässt sich pro Nutzer verdienen.

Durch die Übernahme könnte es nun also sein, dass Facebook die schon gesammelten Telefonnummern mit denen der WhatsApp-Server abgleicht und so etliche zusätzliche Metadaten abgreift. Wer kommuniziert wann mit wem, wann ist er oder sie hauptsächlich aktiv und wie viele Kontakte hat dieser Nutzer auf Facebook, aber nicht auf WhatsApp, und umgekehrt.

Oder in Kurzform: WhatsApp wird aus datenschutztechnischer Sicht sicher nicht unsicherer durch die Übernahme. Aber der Nutzer wird dadurch ein Stück transparenter. Doch was genau macht denn einen sicheren Chatservice eigentlich aus? Aktuell wird da immer wieder ein Player genannt: Threema. In den FAQs schreiben die Schweizer unter der Frage, warum genau Threema sicher ist:

> »Threema verwendet modernste asymmetrische Kryptografie, um Nachrichten zwischen Sender und Empfänger, sowie die Kommunikation zwischen der App und den Servern, zu verschlüsseln. Es gibt zwei Verschlüsselungsschichten: die Ende-zu-Ende-Schicht zwischen den Konversationsteilnehmern, und eine zusätzliche Schicht, die vor dem Abhören der Verbindung zwischen App und Server schützt. Letztere ist nötig um sicherzustellen, dass ein Angreifer, der Netzwerkpakete aufzeichnet (z.B. in einem öffentlichen Wireless-Netzwerk), nicht herausfinden kann, wer sich einloggt und wer wem eine Nachricht schickt. Sämtliche Verschlüsselung und Entschlüsselung der Nachrichten geschieht direkt auf dem Gerät, und der Benutzer hat den Schlüsselaustausch unter Kontrolle. So ist sichergestellt, dass kein Dritter – nicht einmal der Serverbetreiber – den Inhalt der Nachrichten entschlüsseln kann. Zur unabhängigen Überprüfung der Ende-zu-Ende-Verschlüsselung existiert ein Validierungs-Log-Feature in der App.«

Ich merke schon: Es liegt wieder viel Arbeit vor mir. Asymmetrische Kryptografie, Netzwerkpakete aufzeichnen, Validierungs-Log-Feature – ich fühle mich erinnert an meine ersten Gehversuche mit PGP und S/MIME, wo ich mich nach der Wikipedia-Lektüre ähnlich fühlte: Die Sprache verstehe ich, aber es gibt zu viele Unbekannte. Dazu dann morgen mehr.

Dein Tobias

Der Weg der Nachricht

Liebes Tagebuch,

um zu verstehen, wie eine Nachricht verschlüsselt werden kann, sollte ich vielleicht erst einmal herausfinden, welche Wege sie überhaupt geht. Dazu ein Beispiel: Ich wohne in Köln und möchte einer Person aus Frankfurt am Main eine Nachricht senden. Die Distanz zwischen uns beträgt in etwa 160 Kilometer – die Nachricht geht aber einen ganz anderen Weg. So weit, so gut – das weiß eigentlich jeder. Aber, wohin geht die Nachricht denn nun konkret?

Ich mache mich auf die Suche und werde bei einer Webapp der Open Data City fündig. Dort kann man überprüfen, welche Wege Datenpakete von bekannten Diensten nehmen, bevor sie wieder beim Nutzer ankommen. Dem zugrunde liegen Karten der Kabel-Routen und ein Programm namens Traceroute. Eine kurze Suche ergibt, dass es sich dabei um ein Programm handelt, das ermitteln kann, welche Router und Internet-Knoten ein Datenpaket passiert, bevor es beim Nutzer ankommt. Ich weiß nicht genau, wie zuverlässig die App ist. Was ich dort sehe, erscheint mir aber logisch und dürfte als exemplarisches Beispiel genügen. Zurück also zu meiner Nachricht.

AUS 160 KILOMETERN MACH 10.000 KILOMETER

Meine Botschaft findet in der Tat direkt den Weg nach Frankfurt am Main. Leider aber nur, um von dort aus auf eine extrem lange Reise zu gehen. In Frankfurt am Main befindet sich der weltweit größte kommerzielle Internet-Knotenpunkt, also ein Austauschpunkt für den Datenverkehr des Internets, an den mehr als 500 Internetdienstanbieter und andere Organisationen aus mehr als 55 Ländern angeschlossen sind. Zu Spitzenzeiten werden dort 3,4 Terabyte durchgesetzt – pro Sekunde. Im Schnitt sind es knapp zwei Terabyte. Von dort aus durchläuft meine Nachricht zunächst den Weg bis nach Dallas, Texas – also gute 8.250 Kilometer. Anschließend geht es noch einmal 1.800 Kilometer bis nach Ashburn in der Nähe von Washington D.C. In Ashburn ist die Zentrale von Verizon, dem größten Mobilfunkanbieter in den USA. Ursprünglich war die Karte der Open Data City dazu gedacht, aufzuzeigen, welche Geheimdienste potenziell auf die Daten zugreifen könnten. In dem Fall wären das also der Bundesnachrichtendienst (BND) und die National Security Agency (NSA).

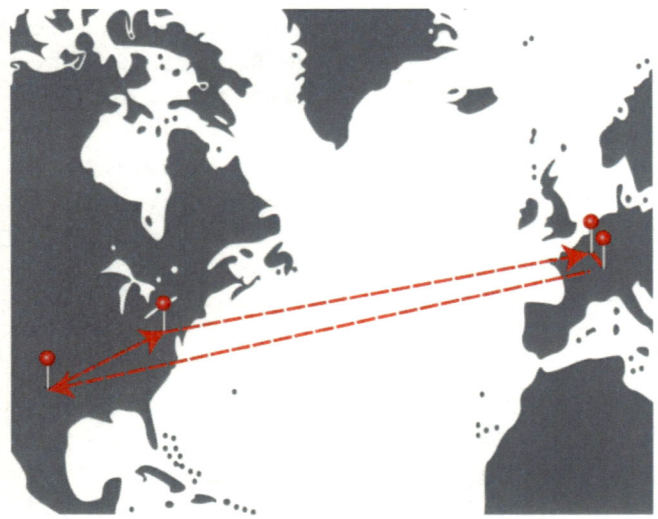

Davon merkt der Nutzer, also der Empfänger meiner Nachricht oder ich, natürlich nichts. Ich schicke die Botschaft ab und noch im gleichen Moment kommt sie bei meinem 160 Kilometer entfernten Gegenüber an – wirklich beeindruckend. Nun möchte ich aber noch wissen, wie die Nachrichten verschlüsselt und vor unerwünschten Blicken geschützt werden können. Dazu kehre ich noch einmal zu Threema zurück, denn der Begriff »Ende-zu-Ende-Verschlüsselung« ist mir auch bei meinen Experimenten mit E-Mail-Verschlüsselungen des Öfteren untergekommen. Was ist das? Und welche Form der Verschlüsselung setzen die anderen Dienste ein? Ich mache mich auf die Suche.

Dein Tobias

Server-to-Client-to-Dingsbums

Liebes Tagebuch,

Ende-zu-Ende-Verschlüsselung, das klingt sehr sicher. Schließlich würde ich allein vom Namen her auf eine durchgängige Verschlüsselung vom einen bis zum anderen Ende, also vom Sender bis zum Empfänger, schließen. Und tatsächlich, nach kurzer Recherche finde ich eine tolle Übersichtsseite, die mir genau diese Annahme bestätigt: Ende-zu-Ende-Verschlüsselung beschreibt ein Verfahren aus der Kryptologie (also nicht speziell aus dem Messenger-Bereich), bei dem meine Nachricht bei mir auf dem Endgerät verschlüsselt und erst auf dem Gerät des gewünschten Empfängers wieder entschlüsselt wird. Dadurch erhält nicht mal der Betreiber des Messengers, im konkreten Fall etwa Threema, Zugriff auf die Chat-Inhalte – und könnte sie, selbst wenn er gezwungen würde, folglich auch nicht an Geheimdienste, Regierungen oder sonst wen herausrücken. Ende-zu-Ende-Verschlüsselung ist also der sicherste Weg, um Daten während ihrer Übertragung zu verschlüsseln.

Neben Threema nutzen auch Apples hauseigener Chat-Dienst iMessage, ChatSecure, Beem, Telegram, TextSecure, SureSpot und Xabber diese Möglichkeit, um mal bei den bekanntesten Diensten zu bleiben. Bei vielen Programmen sei, so meine Recherchen, aber nicht überprüfbar, welche Technologie zum Einsatz käme, da diese nicht quelloffen seien und/oder keine Angaben der Entwickler dazu gemacht wurden.

Neben der Ende-zu-Ende-Verschlüsselung (englisch End-to-End-Encryption oder E2EE) gibt es aber noch weitere Formen der Verschlüsselung, die ich hier kurz aufgreifen möchte. Bei der **Server-zu-Server-Verschlüsselung** wird eine Nachricht nur zwischen den Servern verschlüsselt. Sie wird also unverschlüsselt losgeschickt, wird beim ersten Server verschlüsselt zum zweiten Server weitergeschickt und dort entschlüsselt auf die Reise zum Empfänger geschickt. Gehen wir davon aus, dass sich in diesem Beispiel nur zwei Stationen (Server A und Server B) zwischen den Gesprächspartnern befinden, dann wird die Nachricht also auf zwei von drei Wegen unverschlüsselt versendet (von mir zu Server A und von Server B zu meinem Freund in Frankfurt am Main). Dazwischen wäre sie sicher. Klingt ehrlich gesagt ziemlich unzureichend.

Bei der **Client-zu-Server-Verschlüsselung** läuft es genau umgekehrt. Vom Benutzer aus wird die Nachricht verschlüsselt an den ersten Server geschickt. Von diesem dann entschlüsselt und so zum zweiten Server geschickt. Von dort aus wird sie dann wieder verschlüsselt zum Empfänger geleitet. Hier sind also zumindest zwei Drittel des Weges verborgen – schon besser.

Wirkungsvoller ist aber die Kombination der beiden Arten, also **Client-zu-Server-und-Server-zu-Server-Kombination**. Ich bin noch immer ein bisschen vorsichtig, wenn ich so lange Begrifflichkeiten aus der Kryptowelt lese, eigentlich ist aber auch das sehr simpel: Die Nachricht wird von mir zum ersten Server verschlüsselt gesendet, dort entschlüsselt und wieder verschlüsselt zum zweiten Server geleitet, der sie wiederum entschlüsselt und nochmal verschlüsselt zum Empfänger leitet. Die drei Stationen werden also jeweils verschlüsselt, während bei der Ende-zu-Ende-Verschlüsselung alles nur einmal verpackt und verschickt wird.

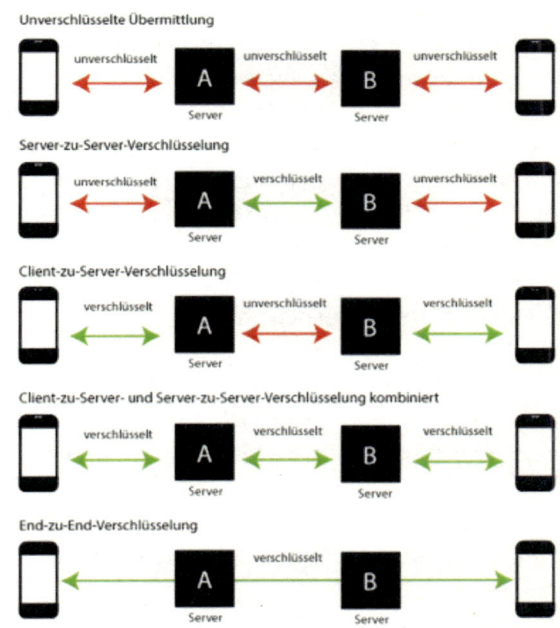

METADATEN WERDEN NICHT VERSCHLÜSSELT

Warum die Ende-zu-Ende-Verschlüsselung besser ist als die anderen Alternativen liegt auf der Hand: Selbst bei der Kombination aus den beiden Möglichkeiten liegt die Nachricht dennoch auf den Servern im Klartext vor. Ist dort nun ein Angreifer – oder wedelt eine Regierung mit einem Gerichtsbeschluss – dann existieren Daten, die herausgegeben werden können. Bei Threema und Co. ist dem nicht so – und wo nichts ist, kann auch nichts herausgegeben werden. Bei den beiden Alternativen ohne Kombination müsste sich nicht einmal jemand die Mühe machen, an die Server heranzugehen, er könnte sie an besagten Punkten einfach abfangen und mitlesen.

Was mir bei meinem kleinen Exkurs in die Grundlagen der Verschlüsselungsarten aber immer wieder begegnet, ist der Hinweis auf die Metadaten, die natürlich nicht verschlüsselt werden. Es ist immer noch möglich, wie bei einer verschlüsselten E-Mail auch, herauszubekommen, wer wann wie oft mit wem geschrieben hat. Das sollte man wohl im Hinterkopf behalten, auch wenn ich mich mit der Ende-zu-Ende-Verschlüsselung von Threema und Co. durchaus zufrieden geben würde.

WhatsApp nutzt übrigens eine Eigenentwicklung der Client-zu-Server-Methode. Im FAQ schreiben die Macher unter der Frage, ob WhatsApp sicher sei, folgerichtig:

»Die WhatsApp-Kommunikation zwischen deinem Telefon und unseren Servern ist verschlüsselt.«

Was zwischen den Servern passiert, steht aber auf einem anderen Blatt – und wird von WhatsApp nicht weiter thematisiert. Stattdessen bekommt man noch den gutgemeinten Rat, dass jeder, der das Telefon benutzt, die Nachrichten lesen kann. Wie gut, dass man nicht jeden Tag einem Hacker sein Telefon leiht.

Dein Tobias

Quelloffen - wie jetzt?

Liebes Tagebuch,

während des großen Hypes um den WhatsApp-Deal hat gefühlt so ziemlich jede Nachrichtenseite, jedes Online-Magazin und jedes Blog einen ultrainnovativen Beitrag á la »Die besten WhatsApp-Alternativen«, »Diese Messenger lohnen sich« oder – etwas buzzfeediger – »Die besten 10 Messenger im Test und warum sie jeder auf dem Handy haben sollte« veröffentlicht. Vorgestellt wurden dann meist LINE, Telegram und Threema, manchmal noch die anderen Verdächtigen von BlackBerry und Facebook.

Wirklich gehaltvoll waren diese Vorstellungen leider fast nie. Threema ist sicher, Telegram versucht, sicher zu sein, LINE sieht einfach nur cool aus und schlimmer als WhatsApp kann es nach dem Facebook-Fluch ohnehin nicht mehr werden. Die Stiftung Warentest hat sich der klickbringenden Flut dann ein paar Tage später auch noch angeschlossen und einen zumindest im Ansatz besseren Versuch gestartet: Mit Stift und Lupe haben die Tester versucht, die Apps auf Datenübertragung, AGB, Transparenz und Verfügbarkeit und Kosten zu testen.

Dabei ist mir ein Wort aufgefallen, was ich nicht ganz verstanden habe: Immer wieder ist dort von »quelloffen« die Rede – meistens, wenn es um die Transparenz der Apps ging. Getestet wurden WhatsApp, Threema, LINE, Telegram und der BlackBerry Messenger. Davon waren alle Apps außer Telegram nicht quelloffen und Telegram auch nur zum Teil. Nun möchte ich aber wissen, was es damit auf sich hat und warum das für den Test einer App wichtig ist.

Ich starte erneut bei einer gewöhnlichen Internet-Recherche. Wikipedia ist da oft die erste Anlaufstelle, da die Ergebnisse (Leser des ersten Teils werden das folgende »meistens« mit angebrachter Vorsicht genießen) meistens einen groben Überblick geben, wenngleich es dann auch schnell zu kryptisch für den Anfänger wird. Ich werde direkt auf den Artikel über Open Source weitergeleitet. Darin erfahre ich:

»Open Source bzw. quelloffen ist Software, deren Quelltext offenliegt und deren Lizenzierung einige weitere Bedingungen erfüllt. Im engeren Sinne steht sie unter einer Lizenz, die von der Open Source Initiative (OSI) anerkannt wird.«

Für mich interessant scheint erst einmal der erste Teil: Was ist ein offenliegender Quelltext? Bedeutet das, dass jemand sehen kann, wie die App programmiert ist? Ein Quelltext ist, soweit ich mich an den Informatikunterreicht erinnern kann (in dem ich natürlich nie mit dämlichen Browserspielen beschäftigt war und mich stets konzentriert habe!), die Bezeichnung für den Code, mit dem das entsprechende Programm geschrieben wurde.

VOR- UND NACHTEILE FÜR BEIDE SEITEN

Bei der Überprüfung der Apps durch die Stiftung Warentest ist immer wieder von nicht vollständigen Analysen die Rede. Das bedeutet, dass die Tester nicht genau einsehen konnten, welche Funktionen die App ausführt und entsprechend auch nur bedingt sagen können, ob

und wenn ja welche Daten sie verschlüsselt oder unverschlüsselt durch die Weltgeschichte jagt.

Ist eine App quelloffen, schafft das also Vertrauen, weil
sich die Entwickler genaustens in die Karten gucken lassen und so von Testern explizit ausgeschlossen werden
kann, dass Daten weitergegeben werden. Die Entwickler
hingegen haben aber natürlich auch ihre Interessen daran, dass die eigene Technik geheim bleibt – etwa aus
Gründen der Sicherheit oder um sich vor neugieriger
Konkurrenz zu schützen.

Soweit ich die Open-Source-Frage richtig verstanden
habe, handelt es sich bei diesem Thema offenbar um eine
sensible Angelegenheit mit Vor- und Nachteilen auf beiden Seiten, die letztlich nur von den Entwicklern selbst
entschieden werden kann. Was uns lieber ist, müssen
wir – wie so oft – selbst entscheiden und gewissenhaft
abwägen.

Dein Tobias

Threema unter der Lupe

Liebes Tagebuch,

Das Fazit von Stiftung Warentest ist eindeutig, wenngleich ich finde, dass der Test von nur fünf der inzwischen schier unendlich vielen Messenger-Apps etwas dürftig war:

- WhatsApp: *sehr kritisch*

- Telegram: *kritisch*

- BlackBerry Messenger: *sehr kritisch*

- LINE: *sehr kritisch*

- Threema: *unkritisch*

Bei Threema gab es lediglich den nicht offenen Quellcode zu bemängeln. Ansonsten war, so die kurze Auswertung, alles im Lot. Nicht nur deswegen wird es also Zeit, den Dienst mal genauer unter die Lupe zu nehmen. Allein am Tag der WhatsApp-Übernahme verdoppelte sich die Nutzerbasis der App auf 400.000 Nutzer – in den kommenden drei Tagen wurde sie 1,1 Millionen Mal heruntergeladen. Gegenüber WhatsApps halber Milliarde Nutzer ist das natürlich noch ein müder Witz – aber immerhin, inzwischen entscheiden sich immer mehr Menschen für die Ende-zu-Ende-Verschlüsselung von Threema. Die steckt übrigens auch im Namen selbst, wie Threema auf seiner Website verrät:

»Es begann mit ›End-to-End Encrypting Messaging Application‹, abgekürzt auf EEEMA. Das waren dann etwas viele Es, darum wurde daraus ›Threema‹«

Für 1,79 Euro (iOS) bzw. 1,60 Euro (Android) kann man Threema in den App-Stores erwerben. Im Gegensatz zu WhatsApp bezahlt man bei Threema für den Download einmalig, kann die App danach aber unbegrenzt lange nutzen. Einmal heruntergeladen, muss ich mich erst einmal verifizieren. Das funktioniert entweder über meine E-Mail-Adresse oder über meine Handynummer – empfehlenswert wäre natürlich beides. Gesagt, getan – jetzt bin auch ich Threema-Nutzer!

BUNTE PUNKTE ALS SICHERHEITSSTUFEN

Am unteren Bildschirmrand finde ich nun die Punkte »Kontakte«, »Nachrichten«, »Meine ID« und »Einstellungen«. Eigentlich fast selbsterklärend. Fangen wir also von vorne an: Mir fällt zunächst auf, dass meine Kontaktliste sehr dürftig aussieht. Während ich bei WhatsApp etliche Kontakte habe, sind es hier nur etwas über ein halbes Dutzend. Ich erinnere mich an meine ersten Gehversuche mit PGP und S/MIME: Wie stolz ich war, endlich verschlüsselte E-Mails verschicken zu können – und dann gleich auf zwei verschiedene Arten! Der Haken dabei war aber, dass ich kaum Kontakte hatte, die ebenfalls E-Mail-Verschlüsselung einsetzten – meine Bemühungen waren also für den theoretischen Gebrauch und in seltenen praktischen Ausnahmen sinnvoll, werden aber tragischerweise kaum mit regelmäßiger verschlüsselter Kommunikation per E-Mail gewürdigt.

In etwa so scheint es mit Threema auch zu sein: Ende-zu-Ende-Verschlüsselung über Elliptic Curve Cryptography, mit Validierungs-Log-Feature und allem Schnipp und Schnapp – und ich bekomme kaum einen ernstgemeinten Chat auf die Reihe. Mir fällt aber noch etwas in der Kontaktleiste auf: Kleine Punkte neben den Namen. Bei allen Kontakten sind zwei orange Punkte zu sehen und ein grauer. Ich schlage das im FAQ von Threema nach und finde noch zwei andere Stufen: Nur ein roter Punkt und drei grüne Punkte. Diese Punkte sollen mir die Sicherheit meines Gegenübers aufzeigen:

Nur **ein roter Punkt** bedeutet, dass dieser Kontakt nicht mit einer Telefonnummer oder einer E-Mail-Adresse aus meinem Adressbuch verknüpft ist. Aus diesem Grund sollte ich anfangs möglichst beides verifizieren. Habe ich einen Kontakt nun über seine ID, die ich etwa irgendwo im Internet gefunden habe, hinzugefügt und keine Bestätigung, dass diese ID mit einer mir bekannten Telefonnummer oder E-Mail-Adresse verknüpft ist, weiß ich nicht mit Sicherheit, wer dahinter steckt.

Zwei orange Punkte bedeuten, dass ich einen Nutzer vor mir habe, dessen Telefonnummer oder E-Mail-Adresse mir bekannt ist und die mit seiner ID verknüpft und durch ihn verifiziert wurde. So kann ich mir also schon ziemlich sicher sein, dass ich die richtige Person vor mir habe.

Und **drei grüne Punkte** bekommt ein Kontakt in meiner Liste nur, wenn ich seinen mit seiner ID verknüpften QR-Code mit meinem Handy von seinem Handy aus gescannt habe. Somit kann ich mir also sicher sein, dass die Person echt ist – ich muss ihr schließlich gegenüber gestanden haben.

Vertrauen ist also gut, Kontrolle ist aber immer noch am besten. Einen Freund bitte ich, mir ein Foto mit seinem QR-Code zu schicken. Er macht einen Screenshot, schickt mir das Bild und ich scanne es von meinem Computerbildschirm aus ab – er hat fortan drei grüne Punkte, ganz ohne reales Meeting. Um nun also vorzubeugen, dass sich doch jemand (wie auch immer) mit drei grünen Punkten in mein Vertrauen mogelt, kann man Threema passwortschützen, was ich an der Stelle empfehlen würde (ebenso, wie sein Smartphone an sich zu schützen).

THREEMA ALS PGP DER MOBILEN KOMMUNIKATION

Es gibt aber noch eine weitere Möglichkeit, die Echtheit einer Person zu überprüfen. Eine, die ich ebenfalls von meinen Bemühungen um die E-Mail-Verschlüsselungen kenne: Der Schlüssel-Fingerabdruck. Damals fragte ich mich zum Beispiel:

> *»Muss ich jetzt in einen Apple-Store und am iPhone 5s meinen Fingerabdruck mit dem Schlüsselpaar verknüpfen? Und überhaupt: Wieso sieht der Fingerabdruck so komisch aus?«*

Die Antwort ist eigentlich recht simpel gewesen:

> *»Die digitalen Fingerabdrücke sind dafür da, die Echtheit eines Schlüssels zu überprüfen. Schließlich könnte theoretisch mein Schlüssel von Hackern, NSA, BND oder sonst wem manipuliert worden sein. Um nun vorzubeugen, dass ich darauf*

keine hochsensiblen Nachrichten bekomme, sollte mein Gegenüber verifizieren können, dass ich es wirklich bin.

Dazu gibt es Fingerprints. Sie sind in gewisser Weise eine Art Quersumme, die sich aus meinem Schlüssel und meiner Schlüssellänge ergibt. Und sie sind – damit das auch funktioniert – logischerweise öffentlich.«

Einen Fingerprint kann ich also etwa auf meiner Website hinterlegen. Möchte mir jemand eine Nachricht schreiben, kann er meinen Fingerprint in seinen Informationen mit dem auf meiner Website abgleichen. Ist die Kombination aus Ziffern und Buchstaben gleich, weiß er, dass keiner an der Nachricht manipuliert hat (vorausgesetzt, meine Website wurde nicht manipuliert). Wer also auf Nummer sicher gehen möchte, kann seinen Kontakt anrufen und ihm seinen Fingerabdruck vorlesen (zu finden in der Einzelansicht eines Kontakts). Anschließend kann der Kontakt selbiges mit meinem Fingerabdruck machen. Ich überprüfe ihn unter »Meine ID« in der Leiste am unteren Rand.

Dort finde ich auch meine ID, eine achtstellige Kombination aus Großbuchstaben und Ziffern, und meinen QR-Code, den ich meine Kontakte abscannen lassen kann. In den Einstellungen kann ich noch die Code-Sperre, ein paar Privatsphäre-Optionen und Darstellungen verwalten sowie den sogenannten »Validierungs-Log« anschalten, den sich die Profis dann per E-Mail zuschicken und so herausbekommen können, ob die Ende-zu-Ende-Verschlüsselung auch wirklich funktioniert.

Insgesamt ist mein Eindruck von Threema durchweg positiv. Alles so durchdacht, dass es selbst den kritischen Zweifler in mir überzeugt hat. Schade ist nur, dass ich (noch) keine Gesprächspartner habe, die in den Genuss der sicheren Kommunikation kommen können.

Threemas Ende-zu-Ende-Verschlüsselung ist mein PGP der mobilen Messenger-Kommunikation.

Dein Tobias

Surfen im öffentlichen Hotspot

Liebes Tagebuch,

Im Gegensatz zu sicheren Messenger-Lösungen boomen momentan die Hotspots. Ob im Starbucks, im McDonald's oder in der Bahn – überall kann man (meist kostenfrei oder -günstig) im WLAN-Netzwerk surfen und muss nicht sein meist teures und limitiertes Datenvolumen aus dem Mobilfunkvertrag für die neusten Facebook-Postings oder Eilmeldungen verbrauchen. Mir war das noch nie geheuer und ich habe mich im Zweifel immer aus solchen Netzwerken herausgehalten. Insbesondere dann, wenn sie – wie etwa bei Starbucks – frei zugänglich sind. Bei McDonald's oder im Zug muss ich mich wenigstens anmelden oder meine Telekom-Daten verwenden. In freien WLAN-Netzwerken hingegen surfe ich nur äußerst ungerne. Warum genau, weiß ich bislang leider auch nicht.

Vermutlich liegt es am allgemeinen Ruf dieser öffentlichen Netzwerke, schließlich liest man ständig darüber, dass das unsicher sei und dass man seine Bankgeschäfte doch bitte im heimischen (und hoffentlich verschlüsselten!) WLAN-Netz abwickeln solle. Das leuchtet selbstverständlich ein, aber ich wüsste gerne, wo nun genau die Gefahr liegt. Nach kurzer Recherche werde ich fündig und klicke mich durch diverse Foren, die teils sogar sehr ruppig von der Nutzung solcher Netzwerke abraten. Eines haben Foren aber leider häufig gemein: Irgendwann endet der Thread mit einem Battle darüber, wie inkompetent und dämlich der Fragesteller und wie arrogant und herablassend der Antwortende doch ist. Schnell weg, ich brauche mehr brauchbare Informationen.

Fündig werde ich bei den Kollegen von *teltarif.de*, die gleich mehrere Artikel zu diesem Thema veröffentlicht haben. In einem heißt es:

> *»Während heimische WLAN-Netzwerke inzwischen häufig mit dem WPA2-Verschlüsselungsverfahren von der Öffentlichkeit abgeschirmt sind, verzichten die Betreiber vieler WLAN-Hotspots auf eine generelle Sicherung ihres Netzwerks. Dies machen sie nicht aus Leichtsinn, sondern aus Kompatibilitätsgründen, da sie ansonsten Kunden mit älteren Geräten ausschließen würden.«*

Wenn dem wirklich so ist, würde ich nun dazu aufrufen wollen, öffentliche WLAN-Netzwerke auf alle Zeiten zu boykottieren. Leider fürchte ich aber, dass selbst nach NSA-Skandal und der unendlichsten Datenpanne in der breiten Masse nicht genügend Verständnis für die Sensibilität von Daten angekommen ist, um einen solchen Boykott auch nur annähernd anzustoßen. Ich bin überrascht, als ich es das erste Mal schwarz auf weiß las – und das gleich mehrfach. Überrascht auch von mir, da ich es zwar wusste, aber mir nie so bewusst gemacht habe. Weiter heißt es in dem Artikel:

> *»Ohne Verschlüsselung können Spione den Datenverkehr im gesamten WLAN ohne großen Hard- oder Softwareaufwand mitschneiden.«*

Das wird mir in Zukunft langweilige Wartezeiten an der McDonald's-Kasse oder die Verspätung meines ICE versüßen: Finde den Spion unter all den Leuten hier – und los! (Interessante Idee vielleicht für die Deutsche Bahn: Bei langen Verzögerungen im Ablaufplan einfach mal eine Runde Real-Life-Scotland-Yard anstoßen. Wer *Mister X* zuerst findet, fährt umsonst.) Spaß beiseite: Eigentlich ist das ein ziemlich ernstes Thema und in einem anderen Artikel auf der Seite finde ich folgende Zusammenfassung:

> *»Nutzen Sie Ihr Smartphone und Ihren Rechner im öffentlichen WLAN so, als würde jemand hinter Ihnen stehen und mitlesen. Was niemand sehen soll, sollten Sie nicht aufrufen – außer die Daten sind verschlüsselt.«*

Und genau da sind wir beim großen Problem, auf das ich in meinem Eintrag vor einiger Zeit zum Thema TLS-Verschlüsselung gestoßen bin. Damals testete ich unter anderem die Websites von *zalando.de* und *amazon.de* auf eine sichere Verbindung beim Surfen. Dabei ist mir aufgefallen, dass die Verbindung erst richtig sicher wird (über https://... und mit Zertifikat), wenn ich meine Zugangsdaten eingeben möchte. Grundsätzlich ist das zwar gut, da die wichtigsten Daten schon mal verschlüsselt sind. Auf der anderen Seite aber kann das auch Nachteile haben – etwa, wenn *Mister X* tatsächlich auf der Suche nach Informationen über mich ist (und mich dazu nicht umständlicherweise erst ansprechen möchte).

BESONDERES AUGENMERK AUF E-MAIL-KONTO

Ich stelle mir also vor, wie ich beim Starbucks um die Ecke meinen achtfachen Matcha Green Tea Cream Frappuccino mit Cookie Crumble genieße und irgendwo unter den schlürfenden Mitgenießern jemand sitzt, der mich ausspionieren möchte. Ich surfe also Amazon an und schaue mir eine teure Uhr und einen noch viel teureren Laptop an. Anschließend checke ich auf der Bahn-Website meine Verbindung zum Flughafen und versichere mich dann bei der Airline der planmäßigen Hin- und Rückreise für meinen zweiwöchigen Türkei-Urlaub. Abschließend surfe ich noch meine Website sowie mein Facebook-Profil an.

Was für Informationen kann man daraus nun ziehen? Ich habe Geld, bin bald zwei Wochen außer Landes und meine Adresse lässt sich über meine Website und/oder meinen Namen auch noch herausbekommen. Wenn ich ihn mit meinem eben ausgedachten achtfachen Matcha Green Tea Cream Frappuccino mit Cookie Crumble nicht verschreckt habe, bietet sich also künftig eine fantastische Gelegenheit für einen Einbruch.

Zugegeben: Nicht nur die Kombination meines Drinks klingt in diesem Beispiel weit hergeholt. Aber möglich wäre es – und das sollte mir zu denken geben. Schließlich findet hier tatsächlich kein aktiver Datendiebstahl statt, meine Daten sind aber dennoch wertvoll, wenn man denn gezielt danach sucht. Auf der anderen Seite besteht aber trotz verschlüsselter Login-Felder die Möglichkeit, simpel an meine Daten zu gelangen – etwa, wenn ich die Einstellungen für die Push-Funktion in meinem E-Mail-Client nicht richtig eingestellt habe. Und wer auf meine E-Mail-Adresse zugreifen kann, der kann auch auf meine anderen Konten zugreifen – die »Passwort vergessen«-Funktionen machen es möglich. Da helfen logischerweise dann auch keine verschiedenen Passwörter mehr. Insbesondere auf das E-Mail-Konto sollte also geachtet werden.

Während meiner Recherchen zu diesem Thema tauchte immer wieder eine Abkürzung auf, von der ich mal wieder absolut keine Ahnung habe: VPN. Und los!

Dein Tobias

VPN - digitaler Tunnelbau

Liebes Tagebuch,

VPN, das ist etwas, das mir immer wieder mal untergekommen ist in den vergangenen Jahren. Etwa im
Zusammenhang mit Netflix oder Internetsperren, die
umgangen werden sollten. Und auch früher im Informa-
tikunterricht, als die Schule irgendwann auf den Trichter
gekommen war, uns halbstarken Desinteressierten die
Spiele- und Social-Media-Seiten zu verbieten, erinnere ich mich gut an sogenannte »Tunnel«, über die wir
uns an diesen Sperren vorbeigemogelt hatten. Bei den
Browserspielen hat das wunderbar funktioniert, bei Facebook eher weniger gut, da es die von uns benutzte
Möchtegern-Tunnel-Seite als nicht vertrauenswürdig
einstufte und den Account zum eigenen Schutz lieber
sperrte. Ich weiß also, dass sich VPN damit beschäftigt,
Sperren zu umgehen und dass Tunnel irgendetwas damit
zu tun haben. Nicht besonders viel, ich mache mich also
auf die Suche.

VPN steht für Virtual Private Network, also ein virtuelles
privates Netzwerk. Sagt mir nicht sonderlich viel, aber
ich stoße bei meiner Recherche schnell auf die schon angesprochenen Tunnel. Vereinfacht erklärt bedeutet VPN:
Meine Anfrage, die ich an einen Server stelle – etwa
wenn ich eine Website aufrufen möchte – wird auf meinem Rechner verschlüsselt und über einen sicheren Tunnel an einen Server geleitet, der irgendwo im »sicheren
Ausland« steht. Dadurch wird sowohl mein Surfverhalten
verschlüsselt als auch meine IP verschleiert. Denn von

dem Server aus geht meine Anfrage mit allen anderen Anfragen von Kunden des VPN-Anbieters, die diesen Server nutzen, in einer großen Suppe ins Netz – Rückverfolgung quasi ausgeschlossen.

Surfe ich also per VPN in einem öffentlichen WLAN, hätte *Mister* X nicht so leichtes Spiel, an meine Surfgewohnheiten zu kommen – selbst dann nicht, wenn Amazon, Zalando oder sonst wer meine Daten erst im Login-Bereich verschlüsselt übermittelt. Grundsätzlich klingt das alles nach einer super Idee, die mich neugierig gemacht hat und reizt. Ich mache mich also auf die Suche nach entsprechenden Anbietern.

Mit den von Schultagen bekannten kostenlosen Browserlösungen komme ich hier leider nicht weit. Immer wieder lese ich, dass die Anbieter vertrauenswürdig sein sollten. Ich weiß zwar noch nicht, woran ich das festmachen kann, bei den schlecht programmierten Seiten von früher aber bin ich mir fast sicher, dass ich darüber keine sensiblen Daten verschicken möchte. Ich möchte also einen professionellen Anbieter finden, der nach Möglichkeit keine Unsummen für den Gebrauch seines Dienstes verlangt. Um das schon mal für alle Sparfüchse vorweg zu nehmen: Wer großes Datenvolumen plus gute Performance und Geschwindigkeit haben möchte, wird um eine kleine finanzielle Investition, so um die 10 Euro pro Monat, wohl nicht herumkommen.

GUTES GESCHÄFT MIT FRAGWÜRDIGEN MACHENSCHAFTEN

Bei der Suche stoße ich immer wieder auf Vergleichsportale. Dort werden die unterschiedlichsten VPN-Anbieter gepriesen und in ansehnlichen Ranglisten aufgezählt. Was mir nicht sofort auffällt, aber eine Erwähnung wert sein sollte, ist die Tatsache, dass fast alle Anbieter unter den Top 10 auch Werbeplätze bei der Seite gemietet haben. Dagegen spricht zwar grundsätzlich nichts, die Unabhängigkeit der Vergleichsseiten darf aber wohl bezweifelt werden. Ein Insider bestätigt mein Misstrauen und erklärt: »Diese Ranglisten sind fast alle gekauft.« Er selbst habe schon entsprechende Angebote bekommen – für einen fünften Platz in dem Ranking wären 2.000 Euro pro Monat fällig geworden, eine Top-Platzierung schätzt er demnach auf 10.000 Euro pro Monat. Eigentlich eine simple Idee: Nische finden, Blog aufsetzen, bei Google gut gerankt werden und abkassieren. Bei 10.000 bis 15.000 Besuchern pro Tag, so mein Insider, fallen für den ersten Platz bestimmt 2.000 neue Nutzer ab. Logisch: Wer klickt in einer Rangliste schon auf den zweiten oder gar zehnten Platz? Bei einem Preis von 10 Euro pro Monat und 60.000 monatlichen Neukunden ist das ein Umsatz von 600.000 Euro, wie viel dann nach Abzug von Serverkosten und anderen Abgaben überbleibt, ist aber natürlich unklar.

Ich bekomme einen Tipp: Den Dienst *hide.me* solle ich mir anschauen. Die Website sieht schick aus, Erklärungen finde ich auf Deutsch und auf Englisch, ein kleines Video verdeutlicht mir noch einmal das Tunnel-Prinzip. Die Preise liegen bei 4,17 Euro für das Plus- und 9,17 Euro für das Premium-Paket. Ich entscheide mich erst mal für das kostenlose Test-Paket mit zwei Server-Standorten, eingeschränkter Bandbreite und 2 GB Datenvolumen. Bevor ich die Verbindung einrichte, würde ich aber gerne noch genauer über VPN informiert werden.

Ich frage bei dem Dienst an, Sebastian S., der Managing Director, stellt sich meinen Fragen am nächsten Tag per Skype. Wir koordinieren mit sechsstündiger Zeitverschiebung einen Termin für ein Skype-Gespräch zwischen Köln und Kuala Lumpur. Ich freue mich darauf.

Dein Tobias

Das VPN-Gespräch

Liebes Tagebuch,

Sebastian ist gebürtiger Deutscher und nimmt sich eine satte Stunde Zeit für meine naiven Fragen. Man merkt häufig, dass es auch ihm als Profi (oder gerade deswegen) schwer fällt, das Thema in einfache Worte zu fassen. Dennoch ist er sehr geduldig mit mir, erzählt mir von den 400.000 Nutzern, die der Dienst inzwischen hat. Und davon, dass ein VPN-Anbieter mit steigender Nutzerzahl immer sicherer wird. Das liegt an der schon angesprochenen »Suppe«, in der die Anfragen von allen Nutzern eines Server vermischt herausgehen und somit nicht mehr nachvollzogen werden kann, welche Anfrage von welchem Nutzer kam. Je mehr Nutzer, desto größer die Suppe und schwerer die Zuordnung.

hide.me nutzt vier bis fünf IP-Adressen pro Server und hat aktuell Server in Kanada, Amerika, Rumänien, Deutschland, Großbritannien, Island, den Niederlanden, Litauen, Luxemburg, Schweiz, Marokko und Singapur. Irgendwann beginnt die große Fragestunde über eine hervorragende Skype-Verbindung und Sebastian erklärt mir die VPN-Welt.

Tobias Gillen: Sebastian, du arbeitest für einen VPN-Anbieter. Erkläre doch bitte mal für Anfänger wie mich, was es damit auf sich hat.

Sebastian S.: Ein VPN ist eine verschlüsselte Verbindung, die man von seinem eigenen Rechner zu unserem VPN-

Server aufbaut und dann darüber anonym und gesichert surft.

Das bedeutet konkret, wenn ich auf *amazon.de* in einem offenen WLAN-Netzwerk etwa bei Starbucks surfe...

... dann wird eine verschlüsselte Verbindung zu unserem VPN-Server aufgebaut und die Seite wird über den Server durch den sicheren Tunnel auf deinem Computer aufgerufen, aber in keinster Weise modifiziert oder angepasst und wir schauen uns die Inhalte natürlich auch nicht an.

Also quasi eine Leitung, die ich als VPN-Nutzer nutzen kann, auf die »normale Nutzer« aber nicht zurückgreifen können?

Alle unsere Kunden, die sich auf diesen Server verbinden, verbinden sich über einen privaten VPN-Tunnel zu unserem Server. Das bedeutet, die einzelnen Kunden befinden sich in keinem gemeinsamen Netzwerk und teilen sich letztendlich nur unsere ausgehende öffentliche IP-Adresse, um anonym zu bleiben.

Das bedeutet, dass alle zusammen aus der Leitung herauskommen und dadurch niemand rückverfolgen kann, welche Daten nun zu welchem Nutzer gehören, ist das richtig?

Das stimmt, warum das so ist, ist aber recht technisch. Es sind viele verschlüsselte Tunnel, die zu unserem Server aufgebaut werden. Dadurch kann man die unverschlüsselten, ausgehenden Verbindungen dann nicht mehr mit dem eingehenden Tunnel kombinieren.

Ich habe gesehen, ihr seid in Malaysia. Seid ihr da sicherer?

Die Rechtssicherheit, einen VPN-Service zu betreiben gibt es auch in einigen europäischen Ländern. Allerdings ist Asien für uns strategisch interessanter und wir können dort unseren Dienst langfristig rechtlich sicher betreiben. Ob es jetzt eine neue europäische Direktive bezüglich der Vorratsdatenspeicherung geben wird, ist noch unklar. Ich denke, viele Benutzer haben eine gewisse Skepsis, auf zum Beispiel einen deutschen Service zurückzugreifen.

Es ist also von Vorteil, dass ihr ein bisschen offshore liegt?

Ja, ich vermute schon. Die meisten Kunden fühlen sich sicherer, wenn sie nicht das Gefühl haben müssen, überwacht zu werden.

Ich habe mir nun mit eurem Service eine VPN-Verbindung eingerichtet und werde über einen Server in den Niederlanden geleitet. Was genau hat es dann für mich als Kunde für einen Vorteil, dass mein Anbieter in Malaysia sitzt, wenn meine Daten ohnehin in Europa bleiben?

Unser Standort ist mehr auf unsere Verantwortung als Firma zurückzuführen, da wir hier in Malaysia wegen fehlender Vorratsdatenspeicherung keine Logs anlegen müssen. Sollte eine Behörde einen Gerichtsbeschluss in Malaysia erwirken, dann müssen wir zwar darauf reagieren, aber auch hier sei gesagt, dass wir keine Daten herausgeben können, die wir nicht aufzeichnen.

Was passiert denn, wenn die niederländische Regierung sagt: »Den Server hätten wir gerne, darüber laufen möglicherweise illegale Machenschaften«?

In der Regel konfisziert keine Behörde willkürlich Server ohne mit uns vorher in Kontakt zu treten. In den meisten Fällen kann damit die Lage beruhigt werden und wir können unsere Position erklären – dass wir keine Daten speichern müssen und dass auf unseren VPN-Servern keine Logs angelegt werden. Damit ist die Sache in der Regel erledigt.

Könnt ihr denn nachverfolgen, ob bei euch über die Leitungen auch Illegales läuft?

Das können wir nicht nachverfolgen, aber als Provider – Stichwort: Hilfssheriff – müssen wir das auch nicht. Und was wir nicht müssen, machen wir auch nicht. Eine Prävention gegen Straftaten wäre technisch nicht umsetzbar und eine Untersuchung potentiell begangener Straftaten liegt nicht in unserem Aufgabengebiet, dafür gibt es staatliche Behörden.

Das bedeutet aber schon, dass ihr wisst, dass ihr theoretisch unerlaubte Vorgänge ermöglicht.

Ja, potentiell möglich ist es, aber auch mit einem Küchenmesser kann man Straftaten begehen. Als VPN-Anbieter verstehen wir uns ebenso als »Werkzeug«. Ich vermute, dass nur ein sehr geringer Teil unserer Kunden den Dienst missbraucht, denn die Anzahl der Behördenanfragen betrifft höchstens 0,001 Prozent unserer Nutzer. Es ist nicht unsere Aufgabe, Internetpolizei zu spielen und wir halten uns daher einfach an die Vorgaben. Es wäre schließlich auch nicht gerechtfertigt, nur wegen einem winzigen Teil der Nutzer, der vielleicht unseren Service illegal missbraucht, eine generelle Logging-Pflicht einzuführen.

Anderes Thema: Wenn ich mir den Wikipedia-Artikel zu VPN anschaue, sitze ich davor und möchte am liebsten gleich wieder wegklicken. Glaubst du, dass die Technik schon massentauglich ist und dass die Mehrheit versteht, was das ist oder warum man es nutzen sollte?

Nein, ich denke aktuell noch nicht, da gibt es noch viel Potenzial. Ich kenne nicht viele, die behaupten würden, dass sie wissen, was VPN ist, geschweige denn dass sie einen solchen nutzen.

Nenn doch bitte mal die größten Vorteile aus deiner Sicht.

Der größte Vorteil aus meiner Sicht ist, dass man sich keine Gedanken mehr machen muss, wenn man sich in fremde Netzwerke verbindet und dass dabei die Verbindung abgehört werden oder theoretisch analysiert werden könnte, welche Seite ich aufrufe. Allerdings darf man nicht vergessen, dass es weltweit restriktive Internetsperren gibt und selbst YouTube nicht überall frei aufrufbar ist. Für diese Nutzer ist die Nutzung eines VPNs essenziell. Des Weiteren gibt es Kunden, die einen VPN nur nutzen, um Geo-IP-Sperren zu umgehen.

Also, dass man über seinen VPN-Anbieter einen Server in den USA auswählen und darüber dann zum Beispiel Netflix aufrufen kann – was man ja von Deutschland aus (noch) nicht kann?

Genau, das trifft nicht nur auf Netflix zu, es gibt eigentlich in den meisten Ländern regional beschränkte Dienste, die man außerhalb nur mit Hilfe eines VPNs aufrufen kann. Wenn du viel auf Reisen bist, dann ist die Nutzung eines VPNs fast unerlässlich.

Ich habe viel darüber gelesen, dass der Anbieter des VPN-Service vertrauenswürdig sein sollte, weil natürlich die Anfragen, die man stellt, alle über dessen Server laufen.

Das stimmt bis zu einem bestimmten Punkt: Natürlich muss man uns vertrauen, da es eine Point-to-Point-Verbindung über unseren Server ist [Anmerkung des Autors: Mehr dazu im Kapitel »Server-to-Client-to-Dingsbums«]. *Soweit die Theorie. Praktisch wäre es aber für uns nicht so einfach, dass wir als Provider den Datenverkehr einfach so mit- und aufzeichnen oder eine Leitung und dessen Daten extrahieren können. Zudem würden wir uns als Anbieter strafbar machen, ganz zu schweigen von dem Vertrauen, das wir dabei verspielen würden. Zudem wird natürlich alles, was über eine verschlüsselte HTTPS-Verbindung läuft, auch verschlüsselt über unseren Server geschickt. Das heißt: Wir würden dann auch nur einen verschlüsselten Datenverkehr sehen, etwa bei sensiblen Daten von PayPal oder Amazon.*

PayPal ist ein gutes Stichwort. Die meisten VPN-Anbieter, die ich gefunden habe, sind kostenpflichtig. Aus deiner Sicht: Was hältst du für fair in dem Bereich?

Ich denke, um die 10 Euro pro Monat ist ein fairer Preis. Wenn man zu wenig bezahlt, bekommt man meist keine gute Qualität.

Worauf sollte man denn achten?

Man sollte sich vor allem nicht blenden lassen von irgendwelchen Informationen, die nur einseitig auf die Verschlüsselung bauen. Man sollte besonders auf die Länderauswahl achten, also: Stellt der Anbieter genügend Server an einem Standort zur Verfügung? Zudem sollte man darauf achten, ob der Anbieter dedizierte und nicht nur virtuelle Server benutzt, da virtuelle Server nicht die Leistung und Sicherheit bringen können.

Apropos Standorte: Gibt es Länder, wo man Server bevorzugt positionieren sollte?

Es ist wichtig, dass der Server besonders nah am Kunden ist. Je länger die Distanz ist, desto schlechter wird die Verbindung. Für amerikanische Nutzer eignet sich zum Beispiel Kanada, weil es besonders nah ist und wenn die Daten nicht erst über Pazifik oder Atlantik geleitet werden müssen, ist es entsprechend schneller.

Und für mich als deutscher Nutzer?

Amsterdam, Frankfurt oder London sind an Deutschland exzellent angebunden. Hier in Asien wäre etwa Singapur interessant, für Europa aber natürlich weniger.

»Die Schweiz Asiens«, so nennt ihr Singapur auf eurer Website.

Genau. Ist auch mindestens genauso teuer.

Vielen Dank, Sebastian.

Ich nehme einiges aus dem Gespräch mit. Etwa, dass es auf die Anzahl und die Qualität der Server ankommt, dass ein VPN-Anbieter keine Internet-Polizei ist und dass die Entfernung der Server eine große Rolle spielt. Nun bin ich ganz sicher: Ich will eine VPN-Verbindung haben – und mache mich an die Arbeit.

Dein Tobias

Die VPN-Einrichtung, Teil 1

Liebes Tagebuch,

ich muss nicht lange auf die Suche gehen nach Anleitungen, *hide.me* bietet davon mehr als genug. Künftig soll, das hat mir Sebastian noch verraten, auch ein Programm erscheinen, dass man nur noch herunterladen, installieren und öffnen braucht – den Rest erledigt es von selbst. Bis dahin muss ich aber noch auf die manuelle Einrichtung zurückgreifen, die mir aber auch als Anfänger nicht schwer fällt. Etwa fünf Minuten brauche ich für die Einrichtung am Mac, knapp die Hälfte fürs iPhone.

Zunächst wähle ich ein Protokoll aus. Protokolle sind so etwas wie Sprachen, über die einzelne Dienste miteinander kommunizeren. Der Anbieter empfiehlt mir in meinem kostenlosen Paket, in dem ich noch nicht auf alle möglichen Protokolle zugreifen kann, das »IPsec IKEv1«, ansonsten habe ich noch »PPTP« und »L2TP/IPsec« zur Auswahl, ich vertraue aber auf die Empfehlung und muss nun einen Server-Standort auswählen. Ich kann in meinem Paket wählen zwischen Roosendaal in den Niederlanden, Bukarest in Rumänien und Montreal in Kanada. Aus dem Gespräch mit Sebastian habe ich ja bereits gelernt, dass die Entfernung zum Server eine große Rolle spielt, also ist die Empfehlung für Roosendaal nicht weiter verwunderlich, ich fahre fort.

Am Mac öffne ich nun die Systemeinstellungen und wähle den Punkt »Netzwerk« aus. Dort füge ich in der

Liste ein neues Netzwerk hinzu und wähle als Anschluss »VPN« aus. Als VPN-Typ nehme ich »Cisco IPSec« und gebe der Verbindung einen Namen, den mir mein Anbieter vorgibt. Anschließend klicke ich auf »Erstellen« und muss nun die Serveradresse (auch vorgegeben) und meine Account-Informationen, also Benutzername und Passwort meines *hide.me*-Accounts, angeben.

KEINE EINBUSSEN IN SACHEN GESCHWINDIGKEIT ODER PERFORMANCE

In den Authentifizierungseinstellungen muss ich nun noch einen Schlüssel eingeben, der wohl auch »Shared Secret« genannt wird. Auch der ist bereits vorgegeben. Eigentlich besteht der gesamte Prozess nur aus dem Abschreiben der bereits vorgegebenen Informationen. Viel simpler geht es wohl kaum noch, außer mit dem geplanten Programm. Ich bestätige meine Eingaben und klicke auf »Anwenden«. In der Netzwerk-Liste finde ich nun einen neuen Eintrag mit einem gelben Punkt, der mir wohl sagen soll, dass ich noch nicht verbunden bin. Einen Klick auf »Verbinden« später ist auch das geklärt, nun surfe ich über eine VPN-Verbindung.

Hier in Kurzform der gleiche Prozess für andere Betriebssysteme:

Windows 8: Rechtsklick auf das Netzwerksymbol in der Taskleiste, »Netzwerk- und Freigabecenter öffnen«, »Neue Verbindung oder neues Netzwerk einrichten«, »Verbindung mit eim Arbeitsplatz herstellen«, »Die Internetverbindung (VPN) verwenden«, Internetadresse und Zielname (vorgegeben) ausfüllen, Verbindung erstellen,

»Verbinden« klicken und mit Benutzerinformationen einloggen.

Ubuntu (13.10): Netzwerkeinstellungen öffnen, »VPN
konfigurieren«, »Hinzufügen«, »Point-to-Point Tunneling Protocol (PPTP)«, »Erzeugen«, vorgegebene Daten
eingeben, »Erweitert«, »MSCHAPv2«, »Point-to-Pont-
Verschlüsselung (MPPE)« und »PPP-Echo Pakete senden«
auswählen und in den Netzwerkeinstellungen den VPN-
Client auswählen.

Über eine Testseite kann ich nun überprüfen, ob ich alles
richtig gemacht habe. »Sie sind mit unserem VPN verbunden und Ihr echter Standort wird verschleiert« zeigt
die Seite. Mein Standort wird nun auf Roosendaal in den
Niederlanden festgelegt. Da ich nun also inoffiziell nicht
mehr von Deutschland aus surfe, mache ich den Härte-
test beim Streaming-Dienst Netflix, den man normaler-
weise nur aus den Ländern aufrufen kann, in denen er
verfügbar ist – Deutschland zählt noch nicht dazu. Ich
rufe die Website auf und kann mich ganz ohne Geo-IP-
Sperre bewegen. Test bestanden!

Ich kann keine spürbaren Einbußen in puncto Geschwindigkeit oder Performance feststellen – ich bin sehr zufrieden und werde mir wohl ein kostenpflichtiges Paket
gönnen. Zuvor würde ich aber gerne noch eine VPN-Verbindung am iPhone herstellen.

Dein Tobias

Die VPN-Einrichtung, Teil 2

Liebes Tagebuch,

gestern erst habe ich mich um eine VPN-Verbindung am Mac gekümmert, heute soll auch eine Lösung für mein iPhone her. Ich merke schnell: Das ist fast noch simpler. Ich öffne die Einstellungen und wähle unter »Allgemein« ganz unten »VPN« aus. Dort wähle ich »IPSec« aus und tippe auch hier die Beschreibung, Server, meine Account-Infos und das »Shared Secret« ein. Unter »Proxy« lasse ich die Einstellung auf »Aus«. Nun speichere ich die Verbindung noch ab und sehe meine Auswahl nun in der Konfigurationsliste. Darüber schalte ich noch »VPN« ein und sehe diese Option nun auch auf der ersten Seite der Einstellungen unter WLAN und Bluetooth.

Am oberen Rand neben der Empfangsanzeige ist nun ein kleines Rechteck mit »VPN« zu sehen – ich surfe also nun auch hier über eine sichere VPN-Verbindung mit Tunnel und allem, was ich bis vor ein paar Tagen noch nicht verstanden habe.

Hier in Kurzform der gleiche Prozess für Android. Bei Windows Phone sei das noch etwas komplizierter, man arbeite aber bereits an einer Lösung, habe ich mitbekommen:

Android: Einstellungen öffnen, »Mehr...«, »VPN«, »VPN-Profil hinzufügen«, Serveradresse und Name eintragen, Benutzerinformationen eingeben, »Verbinden«. In der oberen Bildschirmleiste erscheint nun ein kleines Schloss.

Auch auf dem iPhone kann ich keine größeren Einbußen bei der Geschwindigkeit erkennen – allerdings muss man wohl dazu sagen, dass ich in sehr gutem WLAN und in Köln in voller 3G-Geschwindigkeit surfe, die Verbindung ist also per se schon gut.

Auf Tablets, also etwa dem iPad, funktioniert der Verbindungsaufbau übrigens exakt genauso simpel und nimmt mir an dieser Stelle allen Wind für Meckereien aus den Segeln. Mein VPN-Experiment ist insgesamt sehr zufriedenstellend gelaufen, wie ich finde: Verstanden, eingerichtet, glücklich damit.

VPN HAT SEINEN PREIS

Zwei Probleme sehe ich nach wie vor dennoch: Wer sich nicht besonders dafür interessiert (und/oder gerade ein Buch darüber schreibt), den wird VPN in etwa so sehr interessieren wie die 18. Primzahl. Daraus folgt, dass man sich wohl kaum damit beschäftigen, geschweige denn versuchen wird, es zu verstehen. Aber das Schicksal kenne ich ja bereits von PGP, S/MIME oder Threema.

Das zweite Problem ist die Kostenloskultur im Internet. Dass die Dienste einen Preis haben, leuchtet ein, da sie Server, Mitarbeiter, Infrastrukturen bezahlen müssen. Alles was einen Preis hat und nicht zwingend nötig ist, ist aber meist für viele Nutzer schon ein Hindernis (zumal 120 Euro pro Jahr natürlich auch nicht wenig ist). So wie die Zeitungsverlage im Bereich Paywalls nicht vorankommen, solange es Nachrichten auch noch kostenlos gibt, werden VPN-Dienstleister auch nicht vorankommen, solange die Nutzer die Notwendigkeit von verschlüsseltem Surfen nicht verstehen.

Nach meinem Experiment kann ich aber sagen: Zwei Stunden reichen schon aus, um einen großen Schritt in Richtung Privatsphäre im Netz zu machen!

By the way: Die 18. Primzahl ist die 61.

Dein Tobias

Tor - eine VPN-Alternative?

Liebes Tagebuch,

ein paar Tage sind nun vergangen und ich bin nach wie vor recht zufrieden mit meiner VPN-Lösung. Inzwischen habe ich sie auch auf meinem iPad eingerichtet (funktioniert genauso wie beim iPhone) und kann nun – mit was auch immer ich surfe – über den verschlüsselten Tunnel und mit verschleierter IP-Adresse agieren. Das fühlt sich schon gut an, ich weiß aber genau, dass es da noch viel mehr gibt, das von mir erkundet werden möchte. Bei meinen Gehversuchen mit VPN bin ich zum Beispiel immer wieder auf etwas gestoßen, das sich »Tor« nennt. Ich assoziiere Tor bislang mit dem Darknet, von dem man auch im Sommer 2013 mehr und mehr hörte. Ein Drogenumschlagplatz sei das, selbst Mörder könne man dort buchen. Entsprechend geprägt ist auch mein Vorurteil. Doch davon möchte ich mich nicht abhalten lassen, Tor wird immer wieder als VPN-Alternative genannt und verdient daher eine Chance.

Zunächst einmal möchte ich herausfinden, was genau Tor bedeutet – ich bin von PGP, VPN oder TLS ja schon gewohnt, dass drei Buchstaben meistens nur Akronyme sind. So ist es auch bei Tor – zumindest war es früher so. Da hieß Tor noch TOR und stand für »The Onion Routing« oder »The Onion Router«. Heute wird die Langform nicht mehr genutzt und man hat sich auf die Schreibweise Tor geeinigt. Ich habe mich schon gewundert, woher die Zwiebel im Logo (das »o«) kommt, nun weiß ich es. Allerdings nicht genau, was dieses »Onion Routing« sein soll. Ich klicke mich zur Wikipedia durch, lese nach und vereinfache hier ein bisschen:

>*Onion Routing ist eine Anonymisierungstechnik im Internet. Hierbei werden die Webinhalte über ständig wechselnde Routen von mehreren Knoten geleitet. Diese stellen jeweils eine Art verschlüsselnder Proxyserver dar. Dadurch bleibt die wahre Identität dessen, der die Daten angefordert hat, für den Webserver auf der anderen Seite anonym. Auch die Betreiber der Knoten selbst sind aufgrund des Verschlüsselungsschemas nicht in der Lage, eine Zuordnung zwischen dem Nutzer und seinen angeforderten Webinhalten herzustellen, es sei denn alle Knoten der jeweiligen Route arbeiten zusammen.*«

DREI SERVER BIS ZUM ZIEL

Das klingt nicht so kompliziert, wie ich erwartet hatte. Meine Anfrage wird also über verschiedene Router geleitet und dort immer wieder verschlüsselt, sodass am Ende kein Bezug mehr zwischen mir und meinem Ziel hergestellt werden kann. Ich hatte mich auf einen wesentlich komplizierteren Sachverhalt eingestellt, aber Tor funktioniert ganz ähnlich:

Ich möchte *tobiasgillen.de* aufrufen. Mein Browser checkt dann bei einem Verzeichnisserver, welche der inzwischen (Stand: 04/2014) 5.000 Knotenpunkte ich verwenden kann und gibt mir die Information zurück. Meine Anfrage wird dann über drei Tor-Knoten – vom Eintrittsknoten über einen normalen Knoten bis zum Austrittsknoten – verschlüsselt versendet. Die Route über die verschiedenen Knoten wird zufällig gewählt und ändert sich in regelmäßigen Zeitabständen. Dadurch kennt keiner der Knoten sowohl den Sender als auch den Empfänger und eine Rückverfolgung wird quasi unmöglich. Das klingt simpler als VPN, finde ich.

Die Idee zu Tor wurde bereits 2000 geboren, 2002 begann Matej Pfajfar an der Universität Cambridge an den ersten Arbeiten und im September gab es dann eine erste Version. 2011 wurde das Projekt ausgezeichnet, weil es 36 Millionen Menschen Zugang zum freien Internet ermöglicht. Ich ahne schon, dass meine Vorurteile diesem Projekt gegenüber nicht ganz berechtigt waren, Tor hat mein Interesse geweckt.

Die Unterschiede zwischen VPN und Tor liegen auf der Hand: Bei VPN surfe ich – vereinfacht gesagt – über eine verschlüsselte Verbindung zu einem Server außerhalb meiner Landesgrenzen, bei Tor gleich über drei Server,

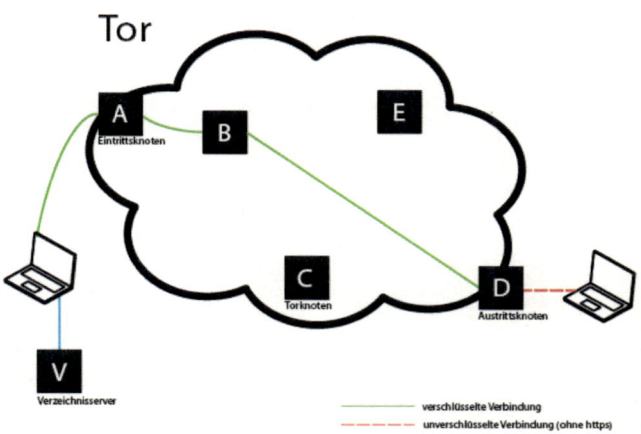

die ständig wechseln. Beide erfüllen zwar in etwa den gleichen Zweck, Tor finde ich aber jetzt schon wesentlich interessanter. Ich mache mich also auf die Suche, künftig würde ich gerne auch mal so surfen und mir ein eigenes Bild von Tor machen.

Dein Tobias

Der TorBrowser

Liebes Tagebuch,

wenn ich mir etwas in den Kopf gesetzt habe, dann kann es meist nicht schnell genug gehen. Ich mache mich also auf die Suche nach Tor – oder, ja, wonach eigentlich? Die Technologie an sich habe ich – wahrscheinlich ist es etwas naiv, das jetzt schon zu behaupten – in den Grundzügen verstanden. Aber wie genau das nun auch bei mir funktioniert, ist mir noch schleierhaft. Relativ schnell finde ich aber eine Website, die sich *torproject. org* nennt und wohl die offizielle Anlaufstelle für dieses Projekt ist. Dort kann ich mir ein »Tor Browser Bundle for Mac« herunterladen, das mir nun schon mehrfach bei meinen Tor-Recherchen über den Weg gelaufen ist. Ich lade es mir also – nicht, ohne vorher die Sprache auf »Deutsch« zu ändern – auf die Festplatte und entpacke es. »TorBrowser« nennt sich das, was ich nun in meiner Dockleiste finde und sieht aus wie eine bunte Weltkugel – die Kontinente und Breitengrade sind grün, das Wasser schimmert lila.

Soll es das also schon gewesen sein? Ich bin neugierig – und nachdem ich meinen Mac davon überzeugt habe, dass ich dieses Programm eines unbekannten Entwicklers nun auch wirklich öffnen will, geht es auch schon los. Mein erster Eindruck: Alles ziemlich unspektakulär. Vielleicht habe ich zu viele Filme gesehen, in denen grüne Zahlenkolonnen über den Bildschirm rasen, aber der TorBrowser ist rein optisch ein normaler Browser, der mich stark an Firefox erinnert. Und tatsächlich, bei Wikipedia finde ich mehr dazu: Tor sei eine »vorkonfigurierte Kombination aus dem Browser Mozilla Firefox, Tor Launcher und dem Tor-Client«.

Ich sehe eine Zwiebel und einen grünlichen Hintergrund, zudem die freudige Botschaft, dass mein Browser für die Benutzung von Tor eingestellt sei und ich nun anonym surfen können. Über den Link »Tor-Netzwerkeinstellungen testen« erfahre ich die mir zugeteilte IP-Adresse. Aktualisiere ich die Seite, sehe ich eine andere – so stelle ich mir das vor. Neben der Adressleiste ist bei mir sonst immer ein kleines Eingabefeld für die Google-Suche zu finden gewesen, im TorBrowser ist das logischerweise nicht so, hier wird DuckDuckGo verwendet. DuckDuckGo ist eine Alternative, die sich dem anonymen Suchen verschrieben hat. Seit den Snowden-Enthüllungen hat sich die Anzahl der täglichen Suchanfragen auf inzwischen über fünf Millionen erhöht. Es ist also nur folgerichtig, dass der TorBrowser eine Suchmaschine benutzt, die sich den gleichen Zielen verschrieben hat.

Nun aber mal zu einem kleinen Praxistest. Ich möchte die Performance des Tor-Browsers testen und teste drei Seiten: *spiegel.de*, *tobiasgillen.de* und *youtube.com*.

EINBUSSEN BEI DER GESCHWINDIGKEIT

Mit der Stopuhr im Anschlag öffne ich *SPIEGEL ONLI-NE* – 22 Sekunden später ist die Seite geladen. Meine Website braucht 18,5 Sekunden, YouTube knappe 10. Das ist definitiv zu lang für meine Geduldsspanne. Um sicher zu gehen, dass es sich dabei nicht um meine schlechte Internetverbindung handelt, öffne ich die Seiten noch einmal mit meinem Safari-Browser am Mac. Das Ergebnis: Drei Sekunden für *SPIEGEL ONLINE*, zwei Sekunden für meinen Blog und sieben Sekunden für YouTube. Die längere Zufallsleitung über die Tor-Knoten macht sich also deutlich bemerkbar. Ein YouTube-Video ist übrigens auch in der kleinsten Auflösung kaum ladbar. Das Projekt erklärt das auf der FAQ-Seite so: »Der Datenverkehr innerhalb Tor wird durch verschiedene Länder, Meere und Kontinente geleitet«, daher könne er langsamer sein als die normale Internetverbindung.

Aber ich finde noch weitere Einschränkungen, die zwar nicht pauschal schlecht sind, aber den Nutzungskomfort schon stark einschränken. So seien aus Sicherheitsgründen »Flash, Java und andere Plugins für Tor derzeit deaktiviert«. Zudem bleibt mir als Normalnutzer fast nichts anderes übrig, als den Firefox-Browser zu nehmen – falls ich mich mit dem nicht anfreunden kann, ist Tor also schon einmal nichts für mich. Außerdem sind Plugins und Addons tabu, sie könnten ebenfalls die Sicherheit gefährden – genauso wie Dokumente, die ich am besten erst gar nicht öffnen solle.

Und wenn, dann nur nachdem ich mich vom Netz getrennt habe. Das ist er also, der Preis für Privatsphäre und Sicherheit im Netz. Ich bin etwas ernüchtert, halte aber keine der Einschränkungen für gewichtig genug, um mich ernsthaft von meinem Kurs abbringen zu können.

VPN ist also definitiv die komfortablere Lösung für Nutzer wie mich. Aber irgendwas hat Tor, das mich mehr reizt. Der TorBrowser bleibt also auf meinem Rechner, zusätzlich gönne ich mir für 89 Cent noch die App Onion aus dem App Store, quasi das mobile Pendant. Vielleicht werde ich kein Tor-only-Nutzer, aber für sensible Recherchen oder Kommunikation möchte ich mir die Möglichkeit auf jeden Fall offen halten, über »verschiedene Länder, Meere und Kontinente geleitet« zu werden.

Dein Tobias

Die Sache mit dem Austrittsknoten

11. Mai

Liebes Tagebuch,

so begeistert ich auch von Tor bin, eine Sache gibt es, über die ich mir gerade jetzt wieder klar werde: Jede Verschlüsselung ist nur so stark wie der Nutzer dahinter. Es gibt eine kleine Sache, die man im Hinterkopf haben sollte, wenn man über Tor surft: Die Sache mit dem Austrittsknoten.

Folgendes Problem: Ich rufe *http://google.de* auf – die Anfrage geht über den Eingangsknoten ins Tor-Netzwerk, über einen zweiten Knoten zum Austrittsknoten und von dort unverschlüsselt zu Google. Sitzt nun jemand zwischen dem Austrittsknoten und dem Google-Server, könnte er die Daten abgreifen. Zugegeben, das ist bei der reinen Abfrage der Google-Startseite nicht weiter schlimm, insbesondere, weil meine Wenigkeit ja kaum zurückverfolgt werden kann, aber ich will es ja so sicher wie möglich haben. Und was ist, wenn ich irgendwann mal eine Seite über eine unverschlüsselte Verbindung öffne, die meine Identität preisgibt? Ich brauche also mehr Schutz.

HTTPS FÜR OPTIMALEN SCHUTZ

Die Lösung ist eigentlich sehr simpel: Rufe ich die Seite *https://google.de* auf, geht die verschlüsselte Anfrage durch die Tor-Server und vom Austrittsserver auch verschlüsselt an Google, ein Neugieriger hätte so also keine Chance, die Daten abzugreifen. Mehr dazu gibt es im Kapitel »Sicheres Surfen im Browser«.

Wie aber löse ich das Problem nun? Bei jeder Website-Adresse vorher https://... eintippen? Das wäre sicher eine Lösung, würde aber die Gefahr beinhalten, dass ich es schnell mal vergesse. Zum Glück haben die Entwickler des TorBrowser auch hier mitgedacht und das Plugin »HTTPS Everywhere« eingebaut, das bei jeder Website automatisch versucht, die verschlüsselte Variante anzusteuern, sofern sie denn verfügbar ist. »HTTPS Everywhere« ist ein kostenloses Plugin der Electronic Frontier Foundation (EFF) für Firefox, Android, Chrome und Opera – und das nicht nur für Tor-Nutzer.

Also installiere ich in einem auch noch das Plugin in Chrome und meinen normalen Firefox – sicher ist sicher. Und tatsächlich: Öffne ich nun in einem der drei Browser *http://google.de*, macht der Browser daraus automatisch die HTTPS-Variante – ich bin also nun auch an meinem Austrittsknoten auf der sicheren Seite, zumindest dann, wenn eine verschlüsselte Verbindung möglich ist.

Dein Tobias

Das Stundenprotokoll aus dem Smartphone

Liebes Tagebuch,

nachdem ich mich nun nahezu anonym im Netz bewegen kann, sollte ich mich wohl auch noch darum kümmern, mich auch halbwegs anonym im realen Leben bewegen zu können. Während man mein Surfverhalten nun also kaum noch zurückverfolgen kann, meine E-Mails verschlüsselt sind und meine sichere WhatsApp-Alternative eingerichtet ist (und ich on top noch alles ganz gut verstanden habe), ist es Zeit, sich den Ortungsdiensten zuzuwenden. Denn deren Möglichkeiten gehen schon lange über die einer simplen Handyortung hinaus.

Das wird mir besonders bewusst, wenn ich die »Häufige Orte«-Funktion in meinem iPhone betrachte. Unter *Einstellungen* → *Datenschutz* → *Ortungsdienste* → *Systemdienste* → *Häufige Orte* räume ich meinem iPhone folgende Rechte ein, wenn ich diese Funktion aktiviere:

> *»Erlauben Sie, dass sich ihr iPhone merkt, welche Orte Sie häufig besuchen, um Ihnen nützliche ortsbezogene Informationen anzubieten.«*

Am Ende bedeutet das, dass mein iPhone weiß, wo ich lebe, wo ich arbeite, wo ich im Urlaub war und wo ich meine Mittagspause verbringe. Die Idee ist simpel: Da, wo ich nachts bin, wohne ich. Da, wo ich tagsüber bin, arbeite ich. Und da, wo ich einmal im Jahr für zwei Wochen bin, bin ich in Urlaub. Apple verkauft den Sinn und Zweck der ganzen Speicherei mit »nützliche[n] ortsbezogene[n] Informationen«, was nichts anderes bedeutet, als dass mein iPhone wahrscheinlich noch bevor ich die Haustür verlasse, weiß, wann ich gleich im Stau stehen werde.

Bevor sich Google-Nutzer jetzt freuen und mit dem Zeigefinger auf die »iJünger« zeigen: Bei Google nennt sich etwas Ähnliches »Google Standortverlauf« und ist über ein Webinterface abrufbar – Google gibt darüber nicht so offensiv die Schlussfolgerungen preis, aber ein genaues Bewegungsprofil. Die Vorstellung, dass mein Handy weiß, wann ich wo bin – oder noch schlimmer: sein werde – schreckt mich ab. Aus diesem Grund habe ich etliche Ortungsdienste deaktiviert, insbesondere eine Funktion, die sich »Ortsabhängige iAds« nennt und für Apple eine Art Legitimation dafür ist, mir in Spielen die nächstgelegene Pizzeria einzublenden, was wiederum nicht sonderlich zu einem gesunden Lebensstil beitragen dürfte.

Aber nicht nur die hauseigenen Apps können zum Problem werden. Ich erinnere mich beim Thema Ortungsdienste immer gerne an eine Szene aus der HBO-Serie »The Newsroom« zurück, in der eine Frau anhand ihres Foursquare-Profils in einem Waschsalon gefunden wird. In dem Fall hat die Frau ihren Standort ganz freiwillig mit aller Welt geteilt – und auch mein Twitterstream ist ständig überflutet mit »Just checked in @ ...«- und »I'm here: ...«-Meldungen. Ich frage mich dann immer, was genau mir das sagen soll? Soll mir das klar machen, wie aufregend das Leben meiner Follower ist? Denn mal ehrlich: Die Wahrscheinlichkeit, dass jemand den Tweet liest und mich dann an dem Ort trifft, dürfte schließlich gering sein. Und überhaupt: Will ich jemanden sehen, schreibe ich ihm eine Threema-Nachricht oder vpntunnele meine PGP-verschlüsselte E-Mail per Tor nach Amerika, Shanghai und zurück – ist doch viel einfacher, oder?

Zweifelsfrei gibt es Fälle, in denen auch ich meinen Standort teile. Nämlich dann, wenn ich bei Instagram ein Bild hochlade und es meinen Abonnenten möglich machen möchte, diesen öffentlichen Ort ebenfalls zu besuchen. Das finde ich selbst auch sehr nützlich: Sehe ich ein tolles Foto aus der Umgebung, muss ich so nicht erst nachfragen, wie ich selbst zu dieser Location gelangen kann. Leider hat Facebook hier jüngst die Datenbank von Foursquare mit der eigenen, »Places« genannten Datenbank ausgetauscht – und die ist nicht gerade die hellste Kerze auf der Torte. Zudem sackt Facebook dadurch natürlich wieder Unmengen mehr an Daten ein, was mich schon wieder zum Zweifeln bringt.

Wenn es nur das freiwillige Teilen der Standorte per Instagram oder Foursquare wäre, würde ich mich kaum damit befassen. Hier muss einfach jeder sehen, wie er damit umgeht. Mir persönlich behagt es nicht, wenn jemand weiß, wo ich mich befinde – entsprechend schalte ich möglichst viele dieser Dienste aus. Doch inzwischen ist es schon fast nötig – oder: nötiger denn je – vor der Installation einer App die kompletten AGBs durchzuschauen. Denn auch dort kann es passieren, dass eine App ungewollt Daten über mich an beispielsweise Werbenetzwerke sendet.

Ein Beispiel wäre da etwa Shazam, die populäre Musikerkennungsapp (zweifelsfrei großes Kino und tolle

Technologie). Im Februar deckte *c't* auf, dass die Android-Version von Shazam Daten an zwei zwielichtige Werbenetzwerke sendet – ohne explizite Zustimmung der Nutzer. Dabei ging es mindestens um die IP-Adresse, die persönliche Android-ID und eine Liste der bereits auf dem Smartphone installierten Apps. Insofern GPS auf dem Gerät aktiviert war, kamen dazu noch die Standortinformationen. Eigentlich ist es ein Leichtes für Programmierer, eine »Darf die App auf Ihren Standort zugreifen«-Meldung beim ersten Start einzublenden. Unter anderem Shazam hat gezeigt, dass man darauf aber nicht immer vertrauen kann. Übrigens hat sich der Dienst nachher damit gerechtfertigt, dass alles in den Datenschutzrichtlinien aufgeführt sei (was auch nur die halbe Wahrheit war, aber das würde an dieser Stelle zu weit führen).

Insgesamt wird mir also gerade nach der Recherche um Apples »Häufige Orte«-Funktion klar, wie wichtig es ist, sich mit den Voreinstellungen genaustens zu befassen und diese dann entsprechend für mehr Privatsphäre abzuändern. Wo man diese findet, unterscheidet sich natürlich bei jedem Betriebssystem, dürfte in den Einstellungen aber für jedermann zu finden sein. Und auch bei Apps von Drittanbietern sollte eine begründete Vorsicht herrschen – und im Zweifel schadet auch ein Blick in die Allgemeinen Geschäftsbedingungen oder die Datenschutzrichtlinien nicht.

Dein Tobias

WLAN-Tracking

Liebes Tagebuch,

beim Thema Ortungsdienste denke ich eigentlich immer an GPS, wie beim Navigationsgerät im Auto eben. Doch – und das wurde mir erstmals bei Recherchen für einen *netzpiloten.de*-Artikel im Januar 2014 so richtig bewusst – es gibt auch noch eine andere, immer mehr verbreitete Möglichkeit, die Standorte von Menschen zu erfassen: Das WLAN-Signal.

Da wäre etwa ein Startup, das es Ladenbesitzern erlaubt, das WLAN-Signal der Kunden zu erfassen und im Laden zu verorten. Durch die MAC-ID (auch »Media-Access-Control-Adresse«), also die eindeutige Identifikationsnummer eines Geräts, kann die Software so nicht nur genaue Bewegungsprofile erstellen, sondern auch zusätzlich noch erfassen, wann der Kunde wiederkommt, wie lange er bleibt, wann er wieder geht und wo er sich lange aufhält – auf einer Fläche von 200 Quadratmetern.

Möglich macht das kein verstecktes Feature, keine besondere Option – es ist eigentlich ganz simpel: Das Smartphone sucht bei eingeschaltetem WLAN ständig nach Routern, über die es sich verbinden kann. Und dabei entstehen täglich massenhaft Daten, unsichtbar und nicht greifbar.

Das machte die Open Data City während der re:publica 2013, einer jährlichen Internet-Konferenz in Berlin, deutlich, als sie auf dem gesamten Konferenz-Gelände die WLAN-Signale der Besucher mitschnitt und so im Minutentakt Bewegungsprofile, Anwesenheitsstatistiken oder Absprungraten während der Panels in einer interaktiven Grafik sichtbar machen konnte.

Ein weiteres Beispiel ist das Renew-Orb-Project in London, das schon sehr Science-Fiction-mäßig erscheint, aber längst überall umsetzbar wäre: 200 Mülleimer mit Display werden für das Projekt verwendet. Die Mülleimer können ebenfalls das WLAN-Signal der Passanten mitschneiden – und so Bewegungsprofile erstellen. Weiß ein Mülleimer also etwa, dass ein Nutzer häufig bei Schuhgeschäften anhält, kann man sich in etwa ausdenken, welche Werbung er ausspielt. Weiß ein Mülleimer, dass ein Nutzer regelmäßig an einer Bushaltestelle wartet, macht Autowerbung weniger Sinn (oder gerade doch?). Vier Millionen Geräte erkennen die Mülleimer in einer Woche, darunter 530.000 verschiedene – was da an Daten zusammenkommt, kann man sich grob ausmalen. Nicht aber, wenn das Beispiel Schule macht und wir künftig nur noch mit sich selbst versorgenden WLAN-Tracking-Werbetafeln konfrontiert werden.

Wohl dem, der seine WLAN-Funktion deaktiviert, sobald er aus dem Haus geht. Mittels der Schnellzugriffsmöglichkeiten, die ja inzwischen endlich auch bei Apple angekommen sind, ist der Aufwand relativ gering – und lohnt sich. Ich jedenfalls werde das Signal künftig ausschalten.

Dein Tobias

Das Ende der nächsten Reise

Liebes Tagebuch,

der letzte Eintrag ist immer so wie der letzte Tag im Urlaub. Man freut sich über das, was man erlebt hat, ist vielleicht stolz, weil man etwas Außergewöhnliches gewagt hat und weiß aber doch, dass es nun bald ein Ende hat. So ging es mir nach »Verschlüsselt!«, so geht es mir nun auch nach »Spurlos!«. Wieder einmal liegt eine spannende Reise in eine für mich nun nicht mehr ganz so fremde Welt hinter mir. Ich habe mich mit Dingen beschäftigt, von denen ich bis vor Kurzem noch nicht mal wusste, dass es sie gibt und fühle mich nun wieder ein bisschen sicherer im Internet.

Der Fokus lag diesmal auf mobiler Kommunikation und Anonymität im Netz. Und wieder ist mir schmerzlich bewusst geworden, dass mir die beste Ende-zu-Ende-Verschlüsselung nichts bringt, wenn ich niemandem am zweiten Ende habe. Oder dass ich mich mit Tor auf den Kopf stellen kann, wenn die Zielseite kein HTTPS anbietet. Oder dass VPN für viele Menschen noch ein rotes Tuch ist – so wie PGP, S/MIME und Co.

Die Sicherheit, die Anonymität meiner Kommunikation, meiner Informationsbeschaffung, meines digitalen Lebens ist von so vielen Faktoren abhängig. Um viele kann ich mich kümmern, bei einigen bin ich aber einfach machtlos oder muss meinem Gegenüber fast blind vertrauen. Dennoch habe ich Wort gehalten: Lethargie und Ignoranz habe ich vor dem ersten Teil komplett aus meinem Wortschatz gestrichen und mich nun erneut vorgewagt ins kalte Wasser. Wer sicher im Netz unterwegs sein möchte, muss sich vieles mühsam erarbeiten. Er muss sich selbst motivieren und wird, das verspreche ich, irgendwann die Früchte dafür ernten.

Die Lektüre dieses Buches war der erste Schritt. Nun müssen Taten folgen.

Vielen Dank,

Tobias Gillen

Schritt-für-Schritt zu PGP

Erklärt am Beispiel eines Mac, Windows ähnlich. Bitte Linkliste weiter hinten beachten.

- PGP Suite herunterladen

- PGP Suite installieren

- Privaten Schlüssel generieren (»Neu«)

- Passphrase eingeben

- Mail-Programm schließen und wieder öffnen

- Beim E-Mail-Versand Schloss und Haken klicken

- Passphrase eingeben

- Öffentlichen PGP-Key auf der Website veröffentlichen/ an Kontakte schicken:

  - Rechtsklick auf den Key, »Key exportieren«

  - Wahlweise auf dem Keyserver danach suchen und verlinken

- Bei verschlüsselter E-Mail Passphrase eingeben

Schritt-für-Schritt zu S/MIME

Erklärt am Beispiel eines Mac, Windows ähnlich. Bitte Linkliste weiter hinten beachten.

- Zertifikat bestellen

- Zertifikat installieren (→ draufklicken)

- Dialoge bestätigen, Zertifikat immer zulassen

- (S/MIME ggf. (bei Windows) in den Einstellungen vom Mail-Programm aktivieren)

- Oben rechts beim E-Mail-Versand »S/MIME« anklicken

- Haken und Schloss aktivieren

Schritt-für-Schritt zu PGP am Smartphone

Erklärt am Beispiel eines iPhones, Android und Co. ähnlich. Bitte Linkliste weiter hinten beachten.

- App oPenGP runterladen
- Schlüssel exportieren
    - Rechtsklick auf den Schlüssel
    - »Exportieren« klicken, »Auch geheime Schlüssel« aktivieren
    - Abspeichern (und am Ende wieder löschen!!!)
- Schlüssel mit iTunes File Sharing exportieren:
    - iTunes öffnen, iPhone anschließen
    - iPhone wählen, Reiter »Apps« anklicken
    - Ganz unten oPenGP anklicken
    - Exportierte Schlüssel auswählen
- In der App nun Nachrichten verschlüsseln (Passphrase benötigt!)
- Code kopieren, in E-Mail einfügen und absenden

Schritt-für-Schritt zu S/MIME am Smartphone

Erklärt am Beispiel eines iPhones, Android und Co. ähnlich. Bitte Linkliste weiter hinten beachten.

- Zertifikat in .p12 exportieren

- Sehr langes und sicheres Passwort wählen

- Zertifikat (per PGP-Mail?) ans iPhone schicken

- Profil installieren

- Passwörter eingeben, Dialoge bestätigen

- Mail-Einstellungen öffnen

- E-Mail-Adresse auswählen, »Erweitert« öffnen

- Unten »S/MIME«, »Signieren« und »Verschlüsseln« aktivieren

Schritt-für-Schritt zu VPN am Mac

- Systemeinstellungen öffnen

- »Netzwerk«

- Netzwerk hinzufügen (»+«)

- Anschluss: »VPN«

- VPN-Typ: »L2TP über IPSec«

- Vorgegebenen Dienstnamen eingeben

- Vorgebene Serveradresse / Benutzername eingeben

- »Authentifizierungseinstellungen«

- Kennwort eingeben

- »Shared Secret« eingeben

- »Anwenden«

- »Verbinden«

Schritt-für-Schritt zu
VPN mit Windows 8

- Rechtsklick auf das Netzwerksymbol in der Taskleiste

- »Netzwerk- und Freigabecenter öffnen«

- »Neue Verbindung oder neues Netzwerk einrichten«

- »Verbindung mit einem Arbeitsplatz herstellen«

- »Die Internetverbindung (VPN) verwenden«

- Internetadresse und Zielname (vorgegeben) ausfüllen

- Verbindung erstellen

- »Verbinden« klicken

- Mit Benutzerinformationen einloggen

Schritt-für-Schritt zu VPN mit Ubuntu (13.10)

- Netzwerkeinstellungen öffnen

- »VPN konfigurieren«

- »Hinzufügen«

- »Point-to-Point Tunneling Protocol (PPTP)«

- »Erzeugen«

- Vorgegebene Daten eingeben

- »Erweitert«

- »MSCHAPv2«

- »Point-to-Pont-Verschlüsselung (MPPE)« und »PPP-Echo Pakete senden« auswählen

- In den Netzwerkeinstellungen den VPN-Client auswählen

Schritt-für-Schritt zu VPN am iPhone

- Einstellungen öffnen

- »Allgemein«

- »VPN«

- »IPSec«

- Vorgegebene Daten eingeben

- »Sichern«

- VPN einschalten

Schritt-für-Schritt zu VPN mit Android

- Einstellungen öffnen

- »Mehr...«

- »VPN«

- »VPN-Profil hinzufügen«

- Serveradresse und Name eintragen

- Benutzerinformationen eingeben

- »Verbinden« (In der oberen Bildschirmleiste erscheint nun ein kleines Schloss.)

Schritt-für-Schritt
zum TorBrowser

- Die Website torproject.org öffnen

- Auf »Download Tor« klicken

- Betriebssystem und Sprache auswählen

- Downloaden

- Entpacken

- TorBrowser starten

Schritt-für-Schritt zu
HTTPS Everywhere

- Auf *eff.org/https-everywhere* das Plugin für den gewünschten Browser herunterladen

- Entsprechenden Anleitungen folgen – entweder direkt installieren oder herunterladen und dann installieren

- Einen Testlaut machen: *google.de* eingeben und schauen, ob der Browser nun automatisch die https://...-Variante ansteuert

tl; dr: Sicher surfen mit HTTPS und TLS

- Auf »https://« achten

- Zertifikate beachten (neben der Adresse im Browser)

- Angemessen achtsam und nicht zu naiv sein

- Nie Passwörter, PINs, TANs und Co. weitergeben

- Vertrauen ist gut, Kontrolle ist besser

tl; dr: Sicheres Passwort

- Mindestens achtstellig

- Groß- und Kleinbuchstaben, Ziffern und Sonderzeichen verwenden

- Bei Sicherheitsfragen keine zu direkten Hinweise angeben

- Nicht zu naiv sein!

- Passwort in einen Satz packen und merken

tl; dr: Verschlüsselungs-arten

- **Server-zu-Server**: Verbindung nur zwischen den Servern verschlüsselt, aber vom Nutzer zum Server und vom Sever zum Nutzer nicht

- **Client-zu-Server**: Verbindung vom Nutzer zum Server und vom Server zum Nutzer verschlüsselt, zwischen den Servern aber nicht

- **Server-zu-Server** und **Client-zu-Server** kombiniert: Verschlüsselt auf allen drei Wegen, auf jedem Server aber wieder entschlüsselt und erneut verschlüsselt, dadurch entstehen Daten, die die Firma bei einem Gerichtsbeschluss herausgeben muss

- **Ende-zu-Ende**: Die Nachricht wird auf dem eigenen Gerät verschlüsselt und erst auf dem Gerät des Empfängers wieder entschlüsselt. Zwischendrin wird sie nie entschlüsselt, wodurch keine Daten entstehen

Linkliste

Das, was du gerade fertig gelesen hast, ist von einem (nun nicht mehr ganz so) Ahnungslosen verfasst worden. Es gibt viele tolle Kryptologie-Experten, die die Thematiken viel besser erklären können. Eine Übersicht der wichtigsten im Buch erwähnten Websites und Dienste und einiger unerwähnter Recherchemittel:

Anleitung von Metronaut zu PGP: tobgil.de/buch1

PGP für Mac: tobgil.de/buch2

PGP für Windows: tobgil.de/buch3

S/MIME-Zertifikat bestellen, z.B. bei Comodo: tobgil.de/buch4

PGP vs. S/MIME (kompliziert): tobgil.de/buch5

Was ist S/MIME (einfach)? tobgil.de/buch6

oPenGP für iPhone: tobgil.de/buch7

PGP-App APG für Android: tobgil.de/buch8

Erklärung Fingerprints / »Web of Trust«: tobgil.de/buch9

»Kleine-Welt-Phänomen«: tobgil.de/buch10

Wikipedia-Artikel zu »Web of Trust«: tobgil.de/buch11

YouTube-Video zu TLS / SSL: tobgil.de/buch12

TLS / SSL bei E-Mails aktivieren, z.B. bei GMX: tobgil.de/buch13

Wie funktioniert TLS / SSL (kompliziert)? tobgil.de/buch14

Adobe-Angriff in Zahlen: tobgil.de/buch15

Passwort-Generator: tobgil.de/buch16

Erläuterung zu Passwörtern: tobgil.de/buch17

Webapp Open Data City: tobgil.de/buch18

Liste von mobilen Messengern: tobgil.de/buch19

Grundlagen der Verschlüsselung: tobgil.de/buch20

Stiftung Warentest zu WhatsApp-Alternativen: tobgil. de/buch21

teltarif über Sicherheit in öffentlichen Netzwerken 1: tobgil.de/buch22

teltarif über Sicherheit in öffentlichen Netzwerken 2: tobgil.de/buch23

Artikel über Tor und VPN (englisch): tobgil.de/buch24

TorBrowser herunterladen: tobgil.de/buch25

HTTPS everywhere: tobgil.de/buch26

Onion (Tor für iOS): tobgil.de/buch27

Google Standortverlauf: tobgil.de/buch28

re:publica 2013-WLAN-Tracking: tobgil.de/buch29

netzpiloten.de-Text über WLAN-Tracking: tobgil.de/ buch30

Über den Autor

Tobias Gillen ist freiberuflicher Journalist aus Köln. Bei seiner Arbeit schreibt er auf Papier, ins Netz und für die Ohren über alte, neue und soziale Medien. Er hat unter anderem für *SPIEGEL ONLINE, Kölner Stadt-Anzeiger, Netzpiloten.de und BASICthinking.de* sowie für andere Print-, Online- und Hörfunkmedien gearbeitet. Unter *tobiasgillen.de* bloggt er zudem seit Januar 2011 über Medien-, Technik- und Marketing-Themen.

Im November 2013 brachte er mit »Verschlüsselt! – Wie ich sichere Kommunikation im Netz lernte« sein erstes E-Book heraus, im Mai 2014 folgte die Fortsetzung »Spurlos! – Wie ich anonymes Surfen im Netz lernte«. Beide Teile erschienen im Juli 2014 als Sammelband beim JMB-Verlag und als E-Book unter dem Namen »Spurlos & Verschlüsselt!«.

Kontakt

Ich freue mich sehr über Kritik, Feedback, Hilfe, Tipps, Tricks, Tool-Empfehlungen oder einfach nur ein paar warme Worte.

Website: tobiasgillen.de

Buchwebsite: ebook.tobiasgillen.de

Twitter: @tobiasgillen

Facebook: facebook.com/tobiasgillen

Google+: google.com/+tobiasgillen

E-Mail: info@tobiasgillen.de (PGP: 1047AF6D)

Danksagungen

Danke für tatkräftige Unterstützung, liebevolle Worte und hilfreiche Ratschläge an

Maik, Luis, Erika und Matthias Gillen

Ekkehard Kern, Lukas Tilk, Alice Speith, Christian Wolf, Alexander Kühn, Ulf Hundeiker, und Jens Bolm

BASICthinking, JMB-Verlag, *hide.me*

Credits

Grafiken zu Tor, VPN, Ende-zu-Ende-Verschlüsselung und dem Weg einer Nachricht: Ekkehard Kern, *ekkikern.com*

Cartoon zwischen erstem und zweitem Teil: Aus »*Das #BuloBuch*« (erschienen im JMB Verlag). Mit freundlicher Genehmigung von Peter »Bulo« Böhling

Screenshots: Tobias Gillen

Haftungsausschluss

Dieses Buch bildet natürlich keine 100%-Lösung für wirksame Verschlüsselung. Es ist ein Anfang und es möchte auch dem Neueinsteiger wichtige Begriffe, Schritte und Tools näherbringen – kann dabei aber Fehler nicht ausschließen. Außerdem kann sich dieses Buch nur auf den Zeitpunkt seiner Veröffentlichung beziehen – also November 2013 (Teil 1) und Mai 2014 (Teil 2).

Auch wenn der Autor jedes Kapitel nach bestem Wissen erstellt hat, übernehmen weder Autor noch Verlag eine Gewähr für Anleitungen und Endprodukte. Es wird keine Haftung übernommen, Nachmachen erfolgt auf eigene Gefahr.